基于国标的日语专业系列拓展教材

◎ 主编 黄 芳

汉日构式解析与用例

冯 千 杨 玲 / 编著

苏州大学出版社
Soochow University Press

图书在版编目(CIP)数据

汉日构式解析与用例 / 冯千,杨玲编著;黄芳主编
. —苏州:苏州大学出版社,2020.6
基于国标的日语专业系列拓展教材
ISBN 978-7-5672-3191-7

Ⅰ.①汉… Ⅱ.①冯… ②杨… ③黄… Ⅲ.①日语—语法—教材 Ⅳ.①H364

中国版本图书馆 CIP 数据核字(2020)第 088322 号

书　　名:**汉日构式解析与用例**
Hanri Goushi Jiexi Yu Yongli

编 著 者:冯　千　杨　玲
责任编辑:沈　琴
装帧设计:刘　俊

出版发行:苏州大学出版社(Soochow University Press)
社　　址:苏州市十梓街 1 号　**邮编**:215006
网　　址:www.sudapress.com
邮　　箱:sdcbs@suda.edu.cn
印　　装:镇江文苑制版印刷有限责任公司
邮购热线:0512-67480030　**销售热线**:0512-67481020
网店地址:https://szdxcbs.tmall.com/(天猫旗舰店)

开　　本:700mm×1 000mm　1/16　**印张**:12.25　**字数**:220 千
版　　次:2020 年 6 月第 1 版
印　　次:2020 年 6 月第 1 次印刷
书　　号:ISBN 978-7-5672-3191-7
定　　价:39.00 元

序論

General Preface

为满足社会经济发展的需求，完成中国高等教育从规模发展到以质量提升为核心的内涵式发展的转变，教育部于 2018 年 1 月出台了《普通高等学校本科专业类教学质量国家标准》。伴随着教育部《普通高等学校本科专业类教学质量国家标准》的出台，《高等学校外语类专业本科教学质量国家标准》相应出炉。国标要求培养具有国际视野和人文素养，掌握日语语言和文化知识，具备语言运用能力、跨文化交际能力、思辨能力、自主学习能力、实践能力和创新能力，能从事涉外工作、语言服务及日语教育并具有一定研究能力的国际化、多元化外语人才。此外，国标更加着重培养日语专业人才的自主学习能力。

四川外国语大学日语系于 2019 年被选定为国家"一流专业"建设点，为了确保顺利通过国家"一流专业"验收，现正积极加强专业建设，成立了"基于国标的日语专业系列拓展教材"编写团队，集中了我系各年级具有丰富教学经验的骨干教师。

本系列拓展教材基于国标对专业教材的要求，主要从两个方面来选题：第一，关于日语基础知识的教材 3 本，涵盖了词汇、句型和篇章，使学生全面掌握日语基础知识。第二，关于日本文化、历史等知识的拓展教材 2 本，有助于学习者掌握日本社会、文化、历史等方面的相关知识。本系列教材既可以用作专业教材，也可以用作教辅教材及学生自学教材。3 本日语基础知识的教材适用于日语专业低年级的学生，可以帮助学生顺利通过日语专业四级考试和日本语能力测试 N2、N1。2 本文化、历史教材，加上已由苏州大学出版社出版的《日本文学理念精要》，可以帮助学生全面了解所学语言对象国日本的文学、历史和社会文化。由于本系列教材涵盖了日语基础知识和拓展知识，因此，对于日语专业学生来说，它们是不可或缺的教材。

本系列拓展教材基于国标，培养学生语言运用能力、跨文化交际能力、思辨能力及自主学习能力等四种能力，与时俱进，符合国标对人才培养的要求。每本教材重点突出一个新字，力求从同类书籍中脱颖而出。

《汉日构式解析与用例》是本系列拓展教材中的一本，选取173个典型的中文句型，每个句型通过4～8个日文用例进行详细阐释并提炼出易错点，列举1～6个例句加以深入地辨析。全书按中文句型的首字母顺序排列，打破既有参考书以日语为中心的编著手法，是国内日语学习者同时提升日语、中文能力不可多得的宝典。市面上关于日语句型或惯用型的书籍为数不少，但用日语阐释中文句型或惯用型的书籍尚属首次，本书以全新的视角开启了国内中日构式语法研究的新篇章。本教材编著者冯千老师系四川外国语大学日语系教师，担任《综合日语》课程教学19年，熟悉日语语法、句法的重难点和易错点，结合教学实践经验建成慕课《综合日语——日语语法》，已在重庆市高校在线开放课程平台上运行三期；杨玲老师系四川外国语大学日语系教师，研究方向为日语语言学，主要研究二语习得及误用。本教材将汉语构式语法以条例的方式列出，避免了繁杂的叙述，便于学生查阅和掌握。

黄　芳

2020年4月于四川外国语大学

前言 Foreword

近年来，日语学习者数量不断攀升，学习者除日语专业的学生之外，还包括很多日本文学、文化及动漫的爱好者。为了满足广大日语学习者的需求，我们根据2018年新颁布的《普通高等学校本科专业类教学质量国家标准》，结合新时期日语学习者多样化的形势编写了本书，旨在培养日语学习者的语言运用能力、跨文化交际能力、思辨能力和自主学习能力，同时为从事日语教学、对外汉语教学的广大教师群体提供教学及科研参考。

本书具有以下三个主要特点：

一、本书与目前市面上销售的大多数日语句型参考书不同，收录的是173个中文常用句型及其对应的日语表达。每个中文句型后介绍1～3个与之对应的日语句型及相关表达。每个句型皆配有多个中日对照的例句。本书可作为探讨和辨析中日文句型表达的参考书和工具书。

二、在同一个中文句型中，针对意思相近的日语句型提炼出“注意点”，列举了2～4个例句进行追加阐释，起到了直击重点难点、举一反三的作用。

三、本书难度适中，中文句型为常用句型（包括转折、因果、条件复句等），同时也涉及部分常用的成语及谚语。日语句型难度大多在日本语能力测试（JLPT）N2及N2以下，例句中个别日文词汇和日语表达达到N1水平。因此本书受众面广，适合日语专业学生、对外汉语专业学生、日汉翻译工作者及其他日语爱好者。

本书A到R部分由冯千老师编写，S到Z部分由杨玲老师编写。承蒙姚继中教授、黄芳教授的悉心指导和苏州大学出版社的大力支持，本书的编写和出版才得以顺利进行，在此表示由衷的感谢。

日语句型辞典大多从日语思维的角度进行编写，而完全以汉语为出发点，对日语句型进行思考和编撰的相关图书相对少见。祈愿本书的出版能够抛砖引玉，期待同行专家朋友一起讨论。囿于编者水平，书中难免存在错误及不足之处，敬请各位专家和读者批评指正。

编　者

2020 年 4 月于歌乐山下

目录
Contents

A

B

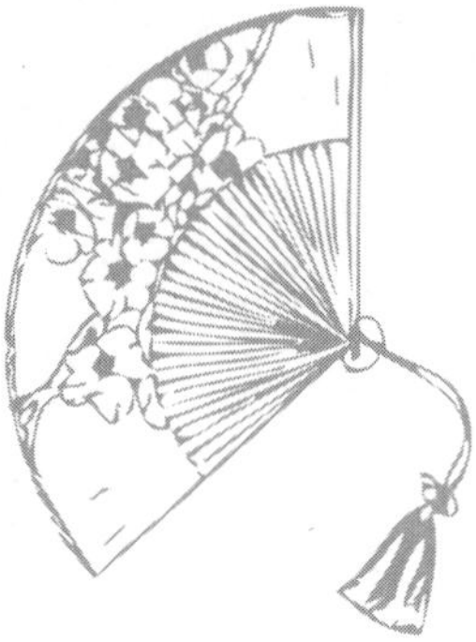

C

D

J

K

L

M

N

P

Q

R

S

T

W

X

Y

Z

A

1 【爱……不……】

…しようとしまいと(ご自由に)

…しようかしないか(勝手だ)

解释

分别用在同一个动词前面,表示无论选择哪一种都随便,含不满情绪。

例句

❶ 他爱来不来,到时间我们就出发。

彼が来ようと来(こ)まいと、時間になったら出発しよう。

❷ 跟她,你爱见不见呀。

彼女に会おうと会うまいと君の勝手さ。

❸ 晚饭都做好了,你爱吃不吃。

晩御飯はもう作ってあるから、食べようと食べまいとご自由に。

注意

该句型可以后续"的"或者"地",变成"爱……不……的"或者"爱……不……地",表示「…をしたくない」之意,隐含说话者的不满、轻视和不愉快。

❶ 彼のそっけない態度に腹たつ。

他爱理不理的样子让人生气。

❷ 何度も理由を聞いてみたが、李さんは言いたがらないので、やめた。

问了他好几次原因,小李不想讲,算了。

2 【按(从)……来看(来说)……】

…から見れば(見ると、見たら)

…から言えば(言うと、言ったら)

…からして
…からすると

解释

列举理由、条件作为根据，下文阐述个人见解或得出结论。

例句

❶ 从家长的角度来看，你的做法太危险。

親の立場から言うと、あなたのやり方は危険すぎる。

❷ 从我的预测来看，盛夏天气没几日就要到了。

私の判断からすると、真夏日（まなつび）はもうすぐだろう。

❸ 正是长身体的小孩没有食欲，从这点来看，莫不是生病了吧。

食（た）べ盛（ざか）りの子供は食欲がないことから見れば、病気にでもなったのだろう。

注意

「…からみると」接在表示人名的名词或一般名词后，表示从某人的判断标准来看，可得出这样或那样的结论、看法、意见；主要强调根据眼前的情况进行判断；可以用于说话人自己。

「…からいえば（いうと/いったら）」表示"假设站在某一立场来判断的话"，后项叙述该判断的结论、意见，即说话人的观点。与「…からみれば」的不同点是不接在表示人物的名词后。

「…からして」可以说成「…からすると」「からみて」「からいって」。接在表示人物的名词后，意思是对此人来说他有自己的想法。主要用于叙述主体持有不同于别人的看法、判断的场合。常常带有转折的语气。可用于说话人自己的看法、判断。后项多为状态动词。

❶ 仏教の考えから見ると、生き物を殺すのは禁物（きんもつ）です。

按佛教的观点来看，杀生是禁止的。

❷ 内容から言えば、この10 000 字の大半は何も言っていないように思われる。

从内容来看，这 10 000 字里大部分什么都没说啊。

❸ 子供の態度からして、いつもと違い、引き下がる気は全（まった）くないようだ。

从小孩的态度来看，这回不同于以往，他完全没有退让的意思。

B

3 【……吧,……,不……吧,又……】

…するのも…だし、…しないのも…だ

解释

用在句中停顿处,表示假设、举例或让步。

例句

❶ 走吧,不好,不走吧,又很尴尬。

行ってしまっても、良くないし、かといってここにいるのもまずいだろう。

❷ 人到 30 多岁,吃吧,又怕长胖,不吃吧,又要挨饿,矛盾得很。

30 代になったら、食べると太ってしまうし、かといって食べないもの、お腹がすいてしまうから、困るわ。

❸ 少年喃喃地说:“看到新游戏机都想要。买吧,价钱太贵,不买吧,又怕被朋友冷落。”

「新しいゲーム機がいつも欲しくなるが。買うには高すぎるし、買わないもの、仲間外(なかまはず)れで寂しい」と少年は呟(つぶや)いている。

注意

该句型有时将否定部分放在前面。

❶ こんな観光地(かんこうち)なんか、入らなければ残念に思うし、チケットを買って入園(にゅうえん)すれば、騙された気がするかもしれない。

这种景区,不进去吧,觉得遗憾;买票去看了又会觉得上当。

❷ 贈り物をしなければ失礼な人だと思われるかもしれないし、かといって贈るにしても、タイミングが大事だ。

不送礼吧,会被人认为不明事理,送礼吧,时机又很重要。

4 【把……给……】

…を…にする

…を…とする

解释

用“把”的句子，动词后面一般不带宾语，但也有例外。

(1) “给”作为介词使用，引出事物接受者。

(2) “给”作为助词使用，起强调作用，无具体意思。

例句

❶ 我把具体情况给大家说一说。

具体的なことを皆さんにお話しします。

❷ 日语学了四年，把字典都给翻烂了。

日本語を四年間勉強して、辞典をもぼろぼろにした。

❸ 放学后，我们把教室给打扫得干干净净。

放課後(ほうかご)、教室をすっかりきれいに掃除した。

注意

该句型不一定以动词「する」结尾。

❶ 大事なことをすっかり忘れてしまった。

我把重要的事情给忘得一干二净。

❷ 新しく買った傘をまた無くしてしまった。

我新买的伞又给弄丢了。

❸ 老师说，体育课结束后，把足球借给一年级同学。

体育の授業が終わったらサッカーボールを一年生の人に貸(か)してあげるようにと先生が言った。

5 【把……一……】

…動詞基本形と、すぐ…動詞

解释

“把”字为介词，宾语是后面动词的受事者，整个句式有处置的意思；强调短时间的动作结束之后，立刻开始其他的动作。

例句

❶ 回到家，他把书包往沙发上一放，打开了电视。

うちに帰って、カバンをソファーに放(ほう)り投(な)げると、すぐテレビをつけた。

❷ 妈妈把电话话筒一放，叹了口气。

お母さんは受話器(じゅわき)を置くと、すぐため息をついた。

❸ 把饭碗一放，立刻开始了工作。

ご飯を食べ終わると、すぐ仕事を始める。

注意

有时表示短时间动作完成后，立刻出现了某种状况或结果，故前后不一定是同一主语。

❶ エアコンをつけると、部屋の中はすぐ涼しくなってきた。

我把空调一开，房间立刻就凉快了。

❷ 叔父は電気を切ると、周りが瞬(またた)く間(ま)に真(ま)っ黒(くろ)になってしまった。

叔叔把电灯一关，周围立刻黑得伸手不见五指。

6 【半……半……】

半ばで…半ば…

解释

分别用在意义相反的两个词或者词素前面，表示相对的两种性质或状态同时存在。"半……半……"多构成成语，翻译灵活。

例句

❶ 在这半清醒半糊涂的当儿，有人轻轻地拍拍她的肩。（老舍《四世同堂》）

この夢(ゆめ)うつつの時に、誰かが軽く彼女の肩をたたいた。

❷ 民众期待的是首相简单明了的回答，而不是半吞半吐的言辞。

国民が望(のぞ)んでいるのは首相のしどろもどろの言い方ではなく、確かでわかりやすい答えなのだ。

❸ 先生年轻时代在半饥半饱的生活中也不曾放弃追求梦想。

先生がお若いころ、食（く）うや食（く）わずの生活の中でも決して夢を諦めないでいた。

注意

(1)"半……半……"的表达多为固定用法，有时表示"一边……一边……"之意。

(2)类似的也有"半……不……"用法。

❶ 働きながら勉強する生活は確かに大変なのだ。
半工半读的生活的确很辛苦。

❷ 途中で停電になったため、生煮（なまに）えのご飯になってしまった。
途中停电了，米饭做得半生不熟的。

❸ 子供たちは不慣（ふな）れな外国語で一生懸命になって会話している。
孩子们拼命地用半生不熟的外语交谈着。

❹ 噂（うわさ）の金持ちが中古のカバンを持って同窓会（どうそうかい）に現れてきた。
传说中的富豪背着半新不旧的包出现在同学会上。

7 【被(叫、让)……给……】

…が(は)…された

解释

"被"作介词，引进动作的施事者，前面的主语是动作的受事者("被"字后表示施事者的名词有时省略)。

例句

❶ 不巧，我去图书馆的时候想看的书又被借走了。
あいにく、図書館についたとき、読みたい本はまた借りられてしまった。

❷ 我新买的手表让弟弟给弄坏了。
新しく買ってきた時計を弟に壊されてしまった。

❸ 妈妈停在车棚里的自行车叫爸爸给骑走了。
母が自転車置（お）き場（ば）に泊（と）めていた自転車は父が乗って行ってしまった。

注意

该用法多为口语表达,“给……了”多搭配表示结果或者完成的他动词。

❶ 朝の満員電車(まんいんでんしゃ)で足をハイヒールで踏(ふ)まれてしまった。

早高峰的电车里,我让高跟鞋给踩了一脚。

❷ 夜遅くまで騒いでいたので、近所(きんじょ)の人に注意された。

晚上闹到深夜,叫邻居给投诉了。

8 【本……,可是(但是,不过)……】

本来ならば…だが(しかし…)

…のつもりだったが…

解释

“本”,副词,“本来”之意,与后文“可是”“但是”搭配,表示转折。

例句

❶ 原本应该登门拜访,但是以书信表示问候,多有失敬。

本来ならば直接ご挨拶をすべきところ、メールでのご挨拶にて失礼いたする。

❷ 本应该惩罚(你)的,不过这次情况特殊,就饶了你了。

本来ならば罰(ばっ)するところだが、今回だけは特別に許(ゆる)してあげる。

❸ 本应在约定时间到达约会场所的,可她在约定的时间才出门。

本来なら時間までに待ち合わせ場所に着くべきだが、彼女は待ち合わせ時間にやっと家を出た。

❹ 心理年龄才 30 岁,可是不得不接受身体已经 50 岁的现实。

心は30 歳のつもりだが、しかし、体が50 歳の現実を受け入れなければならない。

❺ 本以为自己活得无拘无束,可事实上却受着来自家庭、社会的各种限制。

自分は自由に生きているつもりだが、実際に家族や社会からいろいろと束縛(そくばく)されているのだ。

注意

书面表达时,“本来”可以换成“本”。

❶ もともと地上に道はない。歩く人が多くなれば、それが道になるのだ。
世界上本没有路，走的人多了，也便成了路。（鲁迅《故乡》）

9 【本来……，偏偏……】

もともと…のに、あいにく…

解释

表示事实跟所希望或者期待的恰恰相反。

例句

❶ 本来说好星期天去他家，偏偏单位有事，他又不在。
もともと日曜日に彼の家へ訪ねに行くと約束してあるのに、あいにく、会社のことで彼は留守だった。

❷ 本来就只有一个独生女儿，偏偏要到国外定居，真是舍不得啊。
もともと一人娘だというのに、わざわざ海外に定住（ていじゅう）するとは、なんと惜しいことだ。

❸ 本来难得的一个假日，想要带着家人出去旅行的，偏偏公司的事情要临时加班，真气人。
もともと久しぶりの休みに家族旅行に行きたかったのに、会社のほうで急に残業しなければならなくなっちゃって、本当に嫌だね。

注意

“偏偏”一词后续的事实或状况多数是与预想相反的、出乎意料或者让人不愉快的事情，但前后句的接续不一定用「のに」。

❶ もともと苦しい生活をしている人々のところへ、百年ぶりの旱魃（かんばつ）が見舞（みま）った。
原本生活困苦的人们，偏偏又遇到了百年不遇的干旱。

❷ もともと小さいころから体が弱い彼は、またまた白血病（はっけつびょう）にかかって、本当に心配させられるわね。
本来打小身体就虚弱，偏偏又得了白血病，真让人替他担心。

10 【比(比起)……都(还)……】

…より…のほうがずっと(さらに)

…に比べて…

解释

"比"为介词,用来比较形状和程度的差别。

例句

❶ 她个子不高,心理却比我们都成熟。

彼女は背が高くないが、私たちだれよりも、物事をわきまえている。

❷ 与音乐相比,我更想走的是美术的道路。

音楽より、美術の道へ進みたいと思う。

❸ 比起你们这些成年人,我们更了解问题的关键所在。

君たち大人に比べて、僕たちは問題のキーポイントをもっともっと知っている。

注意

"より"表示比较的基准。它强调的是直接叙述用来做比较的事物之间的差异,这种差异是一种客观存在的、众所周知的、一看就明白的差异,而且,不受两者相近程度等条件的限制,使用范围较广。句中常有「…のほうが」的形式。

「…に比べて」表示将两个以上的事物进行比较。它强调两个事物在某一点上有差异或不同之处。

❶ 昨年より今年は野菜の出来がいいらしい。

听说今年蔬菜的收成比去年要好。

❷ 兄が丸顔(まるがお)なのに比べて、妹は面長(おもなが)だ。

跟哥哥的圆脸比起来,妹妹是个长脸。

11 【必须(只有)……才……】

…してはじめて…できる

…してこそ…できる

…しなければ…できない

解释

表示只有在某种条件下才能怎么样。

例句

❶ 清洁必须实行个人包干，才可以保证寝室和教室的干净。

自分で責任を取って掃除してはじめて、寝室や教室の整理整頓(せいりせいとん)が保証(ほしょう)できる。

❷ 唯有各自的小家安宁，才有大家之幸福。

それぞれの家族が平和であってこそ、幸せな国になるのだ。

❸ 必须马上出发才能赶上最后一趟列车。

いますぐ出発しなければ、終電(しゅうでん)には間に合わないのだ。

注意

「…てはじめて」表示在发生了前项之后，才对以前没有注意到的事或者虽然知道但没有认真想过的事有了新的认识。经历了前项所述事件，才意识、感觉到后项的内容。故后项多为有认识、发现、变化意思的动词。也可以表示正是因为前项这样的条件，才有可能实现后项。「…てこそ」后面一般续有表示褒义的表达方式，意思是“只有做了某事才有意义，从而得出好的结果”。

❶ 警察に注意されてはじめて、ヘルメットをかぶっていないことに気が付いた。

警察警告了我，这才注意到自己没有戴头盔。

❷ お互いに率直(そっちょく)に話し合ってこそ、理解しあえるのだ。

唯有彼此开诚布公，才能相互理解。

12 【……便……，……便……】

…なら…、…でないなら…

…といえば…する

解释

(1) 书面语，前后句多半是同一主语，前后是相关或者相对的并列关系。

(2) “便”前后是同一动词或者动词句的反复，表示说话者确认或者顺从的态度。

例句

❶ 老实说，你愿意走便走，不想走便安心留下来，我们都无所谓的。

本当のことを言うと、行きたいのならいけばよいし、行きたくないのなら、心を静(しず)めてここに留(とど)まればよい、別にいいよ。

❷ 就像在自己家一样，想吃便吃，想躺便躺，何必拘束。

自分の家に帰ったつもりで、遠慮しないで、食べたいなら食べてもよいし、休みたければ休めばいいわけ。

❸ 这个班的学生，我说学便学，我说玩便玩，很听话的。

このクラスの学生は勉強のときはちゃんと勉強し、遊ぶときはよく遊んで、言うことをよく聞いてくれるのよ。

❹ 我们都听你的，你说走便走，你说停便停。

行こうといえば行き、止あよう/止まろうといえば止めるから、君の言う通りにする。

注意

「といえば」表示“如果这么说，便(就)这么做”之意，区别于“说到……”“谈到……”“提到……”的意思。

❶ 山口さんといえば、最近あまり姿(すがた)が見えないね。

说到山口，最近老见不到他人啊。

❷ 私の得意なことといえば、タイピングが速いぐらいのことだと思う。

谈到我的一技之长，无非就是电脑打字打得快。

13 【便是……，也……】

…だとしても…

解释

表示假定和让步的关系，“也”后续肯定或否定，口语中可换“就是……也……”，同义的书面语有“即使”“纵然”。

例句

❶ 这次的任务，便是生病也不能请假。

今回の仕事は、病気だとしても休めない。

❷ 便是你，当时也不会容忍他撒野的吧。

君だとしても、その時の蛮行(ばんこう)を見過ごすわけにはいかないだろう。

❸ 纵然脖子上架着刀，我也不会答应的。

首にナイフをつきつけられるとしても、承知はしないぞ。

注意

“便……也……”有时不具有假设之意，仅仅表示让步的语气。

❶ それは小学生だとしても、わかるのだ。

便是小学生，也知道这个道理。

❷ 定番観光(ていばんかんこう)スポットだから、平日だとしても予約しなければ入ることはできない。

必打卡的景点，哪怕是平时也得预约，否则进不去的。

14 【别看……，可(却、说不定)……】

…であるが、…かもしれない

…とはいえ…

解释

连接分句，表示让步或转折。

例句

❶ 别看他嘴上不说，心里却很不满意。

口では何も言わないが、実は満足していないだろう。

❷ 别看这车不大，可能装了呢。

小さな車だが、結構入(はい)れるのよ。

❸ 别看他当面答应得快，说不定在背后使坏。

面と向かっては快(こころよ)く引き受けたが、陰(かげ)では悪知恵(わるぢえ)をつけるかもしれない。

注意

“别看……可……”有时候含有夸张的意思。

❶ 老人大学に通っている人はみな年寄とはいえ、やる気満々だ。

别看来老年大学读书的都是老人，可干劲却十足。

❷ 叔母(おば)は言葉がきついが、優しい心の持(も)ち主(ぬし)だよ。

别看阿姨刀子嘴，可真是豆腐心呢。

15 【别说……,就是(连)……也……】

…はもちろん、…も…だ

…はおろか…でさえも…

解释

通过降低对某人、某事物的评价,来突出另外的人或事物。

例句

❶ 那家出租车公司的司机别说服务态度了,连车技都很糟糕。

あのタクシー会社の運転手さんは、お客様への応対(おうたい)はもちろん、運転技術も下手なのだ。

❷ 车祸之后,别说是跑步,就是走也走不稳当。

交通事故のあと、走ることはおろか、ろくに歩くことさえもできない。

❸ 父亲去世之后,别说是升学了,就连吃饭也成问题啊。

父親に死なれたあと、進学はおろか、食うことさえも困っている。

注意

「…はもちろん」前后两项程度多由浅到深。「…はおろか」主要用于消极、否定的方面,表示说话人带有吃惊、不满等心情。不用于命令、请求、禁止等意志句中。

❶ 雨はもちろん、刀(かたな)が降ろうとも、必ず行くぜ。

别说下雨,就是下刀子我也去!

❷ あたりには人はおろか、獣(けもの)一匹も見当たらない。

周围别说是人影了,连兽类也全然不见踪影。

16 【不……便……】

…しないうちに…

(もし)…しなければ…できない

解释

(1) 表示前项尚未发生变化时,很快就出现后项,后项为未曾预料到的另一情况。

(2) 表示条件关系。前文为否定的条件,后文是基于该条件的结果,相当于“如果不……便……”。

例句

❶ 孩子们不一会儿便记完了一天的单词。
子供らはいくらもしないうちに、一日分の単語を覚えた。

❷ 不出三天,事情便会平定。
三日もしないうちに事はおさまるだろう。

❸ 走到哪里都一样,不工作便没有饭吃。
どこへ行っても同じだが、働かなければ飯は食えないだろう。

❹ 不认真便会出纰漏。
真面目にやらなければ、手抜(てぬ)かりが起こる。

注意

在(1)的用法中,有时动词会在“不”前面出现。

❶ いくらも歩かないうちに、疲れてふうふう言ってきた。
走不了一会儿,便累得气喘吁吁。

❷ 何日もしないうちに、年下の息子はすべてを取りまとめて遠い地方に旅立った。
过不了几天,小儿子收拾收拾全部家当,便启程去了远方。

17 【不……便罢,要……就……】

…しないのならどうでもいいが、…するなら…だ

解释

表示容忍,有勉强放过、暂不深究或无可奈何的意思,表示“算了”。

例句

❶ 我不学习便罢,要学就要学成年级第一。
ちゃんと勉強しないのであればどうでもいいが、勉強するのであれば、学年(がくねん)のトップになる。

❷ 专家要是答应了便罢,若是没有答应,就只得另请高人了。
あの専門家は引き受けてくれればいいのだが、もしそうでなければ他のどなたかに頼むしかないわ。

❸ 他俩不见面便罢，见面就要吵个不停。

彼らは顔を合わせなければそれまでだが、顔を合わせると口喧嘩(くちげんか)ばかりする。

注意

例❸中出现的「それまでだ」是「おしまい」，“结了”“算了”“罢了”的意思。

❶ 仕事をやらないのならそれまでのことだが、やるからには立派にやらなくちゃ。

工作，不做便罢，要做，就必须要做好。

❷ 受かる可能性はほとんどなかったと言われればそれまでなんだけど、それでも奇跡(きせき)がおこるかもしれないと期待していた。

如果他们告诉我考上的概率几乎为零便罢了，但我当时的确期待着奇迹出现。

18 【不……不……】

…てもなく…てもなく…ちょうどよい

…せず…もしないで…

…しなければ…できない(しない)

解释

(1) 用在意思相同或相近的词或词素前面，表示否定。

(2) 用在同类而意思相对的词或词素前面，表示“既不……也不……”。

(3) 用在同类而意思相对的词或词素前面，表示“如果不……就不……”。

例句

❶ 她打扮不洋不土、奇奇怪怪，倒也引人注意。

彼女はいつも西洋風でもなく、民族風でもない妙な出で立ちをしているから、かえって目立つ。

❷ 没想到营业员帮推荐的送给母亲的衣服，不大不小，正合适。

店員さんの人の勧めで買った母親への服は意外と大きくも小さくもなく、ぴったりだ。

❸ 他这一辈子从不抱怨，不声不响为大家服务。

彼は一生文句を言わず、黙々とみんなに奉仕(ほうし)していた。

④ 别人争论时，他总是保持不偏不倚的态度，不明确表态。

人が論争しているとき、彼は賛成してもをし否定してもをし、はっきりと意見を言わないでいる。

⑤ 还真是不说不知道，一说吓一跳呢。

まったく言わなければ知らないだろうが、言ったらびっくりするわ。

⑥ 学什么都一样，不练不熟的。

何を学ぼうとしても同じだが、常に練習しなければ上達しないものだ。

注意

有时“不……不……”前后可以用同一类形容词、名词或动词，表示“既不……也不……”的意思。

① 今年髪の毛を緑でもないブルーでもない変な色に染めるのが流行っているみたいだ。

今年流行把头发染成绿不绿、蓝不蓝的奇怪的颜色。

② 男か女かわからない若い連中(れんちゅう)と付き合うのを親は許さない。

父母不许我跟那些不男不女的年轻人往来。

③ 天下に怖(おそ)れるものなしという振る舞いに、まったく泣くに泣けず、笑うに笑えない。

天不怕地不怕的举动，真让人哭也不是，笑也不是。

19 【不……倒(反倒)……】

…でないが、かえって…だ

…でないが、むしろ…だ

解释

“倒”，副词，表示跟意料相反。相反的意思比较明显时用“反倒”。

例句

① 他不认为自己有错，反倒总是怪罪别人。

彼は自分が悪かったとは思わないが、かえって人のせいにすることが多い。

② 九月了依然不凉快，反倒热了起来。

九月になって涼しくならない一方、かえって、暑くなってきた。

❸ 不怕你们学不好，就怕你们不认真。

よく勉強できないのは困らないが、困るのはむしろ真剣(しんけん)に勉強しないことだ。

注意

「かえって」有与预期相反的意思，用于表示两种截然相反的情况并存；「むしろ」表示有比较地选择一方，被比较的事物没有相反意义时，不能用「かえって」替换。

❶ 返事を待つより、むしろゼロからやり直す方が早い。

不等他们的回话了，倒是重新做一遍还快一些。

❷ 果物を食べないのはよくないが、食べすぎると、かえってお腹を壊してしまう。

不吃水果还好，吃多了反倒伤胃。

20 【不……而……】

…しない、だが…

解释

表示虽不具有某条件或原因却产生某结果。常用有“不寒而栗”（ぞっとする）、“不劳而获”（働かないで利益を得る）、“不谋而合”（図らずも一致する）、“不期而遇”（偶然に出会う）、“不言而喻”（言うまでもない）、“不约而同”（期せずして行動や意見が一致する）、“不翼而飞”（いつの間にかなくなる）、“不欢而散”（気まずい思いで別れる）、“不辞而别”（黙って別れる）等。

例句

❶ 她不辞而别，真让人失望。

黙って別かれた彼女には本当にがっかりする。

❷ 所谓“啃老族”，是到了应该自食其力的年纪，还用父母的钱生活着，不劳而获的人。

いわゆる「啃老族(ケンラオズゥ)」とは自立すべき年齢になっても親からのお金で生活して、働かないでいる人たちのことだ。

❸ 大家不约而同在他搬家那天来帮忙了。

みんな期(き)せずして彼の引っ越しする日に手伝いに来てくれた。

注意

“不……而……”还可以表示否定前文，肯定后文的意思，“而”在句中不仅起到转折作用，还表示强调与对比。

❶ どうして英語ではなく日本語を専攻にしたのだか。

你为什么没有选择英语，而是选择了日语作为专业呢？

❷ 私を出張に行かせず、ライバルの彼を行かせたのは何故だか。

不让我去出差，而让作为我竞争对手的他出差，原因为何？

21 【不……就……】

…うちに…する

(もし)…しなければ…でない

解释

跟“不……便……”同义，多用于口语。用于表示时间关系的单句或者复句，强调动作发生得很快。

例句

❶ 母亲总是天不亮就起来给我们准备早饭。

母はいつも夜が明けないうちに起き出して朝ご飯を用意してくれる。

❷ 不等他说完，大家就都起身离开了会场。

話し終わらないうちに、みんな立ち上がって会場を立ち去った。

❸ 不等头发干就睡觉，会头疼的。

髪の毛が乾かないうちに寝てしまうと、頭が痛くなるのよ。

❹ 你只要长大了不后悔就好。

大きくなっても後悔さえしなければいいのだが。

❺ 妈妈一看到小孩不在书桌前，就说这说那，啰唆得很。

子供が机から離れるのを見ると、お母さんはどうのこうのとうるさい。

注意

「…うちに」表示在某一时间或状态范围限定内，赶紧做后项动作，或完成后项动作，主要接时间名词和状态动词以及持续性动词。如果是「…ている＋うちに」的形式，则表示状态的变化或者另一种情况的出现，这时经常与「…になる」「…てくる」呼应使用。

❶ しばらく経たないうちに、春が訪れてきた。

不多时，便等来了春天。

❷ まだ忘れていないうちに返事をした。

不待忘记之时，便回了话。

❸ 夜景を眺めているうちに、昔のことが思い出されてきた。

眺望夜景时，不知不觉便忆起了往昔。

22 【不……也罢(也好)】

…でなくても仕方がない

…しなくても、いいだろう

解释

表示对于发生的事情或者某个结论虽有不满，但也无能为力，含有不愉快、不得已之意。

例句

❶ 周三的会议，你不出席也好。毕竟多半还是反对的声音。

水曜の会議、参加しなくても構わない。どうせ反対の声が高(たか)まっているだろうから。

❷ 你不答应我也罢，我另请他人就是了。

承知してくれなくても仕方がないことだ。他の誰かに頼んでみよう。

❸ 这些话不说也罢，是得让她自己反省。

こういう話は言わなくてもよいだろう。反省(はんせい)してもらわなきゃ。

注意

"不……也好"在某些句子里表示说话者有一些不满，但又不得不接受以迎合对方。

❶ 公務員にならなくても結構です。好きなお仕事であれば、お力になる。

当不了公务员也好。只要是自己喜欢的工作，我都会支持你的。

❷ 試合には優勝しなかったのもいいだろう。ちゃんとチャンピオンとの差がわかった以上、来年また戦(たたか)おう。

比赛没有获奖也好。既然知道了与冠军的差距，来年再战。

23 【不……则……】

…でなければ、すなわち…である

解释

表示条件关系的句型，“则”是书面语，表示“如果不……就……”之意，常以固定用法出现。

例句

❶ 学习如逆水行舟，不进则退。

学問は流れに逆(さか)らって船をやるようなもので、努力しなければ後退(こうたい)する。

❷ 不鸣则已，一鸣惊人。

鳴かねばそれまでだが、一度鳴くと人を驚かさずにはおかない。

❸ 不平则鸣。

不平(ふへい)あらば叫(さけ)べ。

❹ 人不率则不从，身不先则不信。

自ら身をもって範(はん)を示(しめ)さねば、従(したが)ってくれる人はいない。

24 【不单……而且(还)……】

…だけでなく、さらに…
…のみならず、そのほか…

解释

表示比较或累加的句型，口语可以说成“不单单”“不单是”等。

例句

❶ 山水之城重庆，不单立体的街景能吸引游客的眼球，而且美食还能抓住游客的胃。

山水の町である重慶では、立体的な街並(まちな)みは観光客を呼(よ)び寄(よ)せるだけでなく、そのグルメも観光客を魅了(みりょう)させる。

❷ 我们不单单要学习外国的语言，还要了解外国的文化。

外国の言語を習得(しゅうとく)するだけでなく、さらにその文化もよく知っておくべきだ。

③ 所谓幸福的生活，不单事业顺心，家庭更要美满。

幸せな生活とは、仕事が順調(じゅんちょう)であるだけでなく、さらに家庭も円満(えんまん)でなければならないと思う。

注意

「…のみならず」为郑重的书面语，表示绝对限定，即排除其他一切的限定。「…だけ(ばかり)でなく」表示的是“大概限定”。另外，「ばかりか」也表示“大概限定”，而且前后项还有程度的差异。

① あの人は貴方(あなた)の財産のみならず、命まで狙(ねら)っているに違いない。

他觊觎的不光是你的财产，甚至要取你的性命。

② 干(かん)ばつはその年だけでなく、その後三年間も続いた。

干旱不止在当年，而后的三年也持续发生。

③ 大気汚染による被害は老人や幼い子供たちばかりか、若者にまで広がった。

大气污染的受害者不仅是老人和孩子，甚至年轻人也广受其害。

25 【不单不……反倒(反而)……】

…どころか、むしろ…

…ばかりか、かえって…

解释

表示比较和累加的句型，“不单”后接“反倒”“反而”，加深后句肯定之意。

例句

① 他说一个人生活，不单没觉得寂寞，反倒自由加轻松。

一人暮らしが寂しいどころか、むしろ自由で楽だと言っている。

② 赌博不单没有赚到钱，反倒惹得债务缠身。

ギャンブルで、お金を儲(もう)けるどころか、かえって多くの借金(しゃっきん)を抱(かか)えるようになった。

③ 对于在女士面前喋喋不休的男的，我不但没有好感，反而感到厌恶。

女の前でぺらぺら喋（しゃべ）る男には好感を持つどころか、かえって嫌悪感（けんおかん）を覚える。

注意

该句型与"不但不……反而(反倒)……"类似。

「かえって」表示与预期相反的意思。「むしろ」表示有比较地选择一方，被比较的事物没有相反意义时，不能与「かえって」替换。

「…ばかりか」表示"不仅如此，还要在此基础上加上程度更为严重的事项"。也就是说，它是一种联想引申程度的表现形式；往往前项是程度较轻的部分，后项是重点。故后项多为叙述递进的累加关系的语句。因此，后项中常常出现「も」「まで」「さえ」「だって」等副助词。另外，后项不能接表示命令、要求等意思的句子。「…どころか」表示事情与应该有的结果、期待、规律完全相反，用于彻底推翻说话人或者听话人的预想、期望。有一种意外、吃惊、不满的语气。

❶ 忙しいどころか、かえってお客が一人もいない。

不单不忙，反倒是门可罗雀。

❷ 彼女はお金に困っているというより、むしろずいぶん無駄遣いもしているらしい。

听说她不单没有为经济所困，反倒大手大脚。

❸ 彼女のためになるどころか、かえって彼女を傷（きず）つけた。

不单没帮上她，反倒伤害了她。

❹ あの子は早く走れといわれるとスピードを出すどころか、立ち止（ど）まったのよ。

那小孩，让他快跑，他不但没有加速，反倒站着不动了！

26 【不管……也(都)……】

…にもかかわらず、すべて…

…う(よう)と

…にせよ、まったく…

…ても…ても

解释

(1) "不管"与"谁""如何""怎么"等疑问词搭配，表示彻底排除条件，带有较强的感情色彩。

(2)“不管”作连词，用于前一小句，表示任指各种条件，后一小句常搭配“都”“总”“全”“就”“也”等词语，表示结果不变。

例句

1. 不管多么离谱的价格，只要是他看上的，也一律下手。
   とんでもないお値段にも関わらず、気に入った物なら、彼はなんでも手に入れようとする。
2. 不管谁拜托她，她都会愉快地答应。
   誰に頼(たの)まれようと、彼女は喜んで引き受ける。
3. 不管春节或国庆，我们店都照常上班。
   旧正月にせよ国慶節(こっけいせつ)にせよ、うちの店ではいつも通りに営業する。
4. 不管老师在不在教室，我们都安静地上自习。
   先生が教室にいてもいなくても、私たちは教室で静かに勉強する。

注意

「…にもかかわらず」用于表示结果与根据某种事实所做出的推断相反的场合，表达“虽然是那样的事态，可是……”的意思，多用于非常识性、非正当性的行为，消极、积极均可，不含说话人的感情，只表示一种客观判断，也可直接放在句首。还可以用「それにもかかわらず」的形式，更多的时候翻成“尽管……还是……”。「…にせよ」可以说成「…にしろ」，这是比「…にしても」更为郑重的书面语。「う(よう)と」后续「…勝手だ」「自由だ」「関係ない」等表达，或者与「…う(よう)と…まいと」搭配，表示“做不做都……”的意思。

1. 親があんなにひどく反対したにもかかわらず、彼女は結婚すると決めた。
   尽管父母那么强烈地反对，她还是决定结婚了。
2. 何をしようと、君とは関係ない。
   不管做什么，都跟你没关系。
3. 留学に行こうと行くまいと、君の自由だ。
   不管去不去留学，都是你的自由。

27 【不光……而且(还、也)……】

…だけでなく、…も…

…のみならず、…である
…ばかりか、…でも…である
…はもちろん、…も…である

解释

“不光”，口语，表示超出某个数量或范围。

例句

❶ 老师不光教会我们知识，还照顾我们的生活。

先生は知識(ちしき)を教えてくださるだけでなく、生活の面倒も見てくださる。

❷ 难得的留学机会，我不光想学习语言，还想多多了解文化知识。

せっかく留学にきたから、言葉だけでなく、文化の面でももっと勉強したいと思う。

❸ 不光年轻人，连上班族也沉迷于这个游戏。

若者のみならず、サラリーマンでもこのゲームに夢中になる。

❹ 山上不光空气清新，远眺风景也很优美。

山の上は空気が綺麗であるのみならず、眺(なが)めも素晴らしい。

❺ 那小孩不光现代文，古文也能流畅地读出来。

あの子は現代語ばかりか、古文(こぶん)もすらすらと読める。

❻ 进入5G时代之后，不光是（传递）影像，我们还能跨越时空完成很多事情。

5Gの世界に入ると、映像(えいぞう)ばかりか、時間と距離を超えて、いろいろなことができるようになる。

❼ 所谓育儿爸爸，就是不光照顾小孩起居，还要负责接送孩子的父亲。

イクメンとは、子供の世話はもちろん、送り迎えなどもする父親のことだ。

❽ 不光是札幌和函馆，连日本最北端的稚内也去看了看。

札幌(さっぽろ)や函館(はこだて)はもちろん、日本最北端の稚内(わっかない)まで見に行ってきた。

注意

「…のみならず」作为郑重的书面语，表示绝对限定，即排除其他一切的限定。「だけ(ばかり)でなく」表示的是“大概限定”。另外，「ばかりか」也表示“大

概限定”，而且前后项还有程度的差异。「…もちろん」表示前项举出一个具有代表性的事例，来说明后项的同类事物也一样，即强调的是前后两项都不例外，前后两项没有程度轻重之分。

❶ 火事でお城を焼かれたのみならず、所蔵品もだいぶ失った。
火灾中不光城池被烧，藏品也损失惨重。

❷ 着るものを与えた。そればかりか、お金もいくらか持たせてやった。
给了他些穿的，不光如此，还让他拿了些钱走。

❸ 器用な彼は大工はもちろん、縫い物までもお茶の子さいさいだ。
心灵手巧的他，不光木工，连女红都不费劲。

28 【不过……罢了(而已、就是)……】

…に過ぎない

ただ…しただけだ

解释

指明范围，含有往小的方面说或往轻里说的意味。

例句

❶ 那些话不过是谣言而已，不必放在心上。
その話はただの噂に過ぎないから、気にしないでください。

❷ 再高级的机器拿在手里不会用，也不过是个摆设罢了。
いくら優れた性能を持つ機械であっても使いこなせなければ飾り物に過ぎない。

❸ 不过做了我该做的而已，不必专程来道谢的。
当然のことをしただけだから、わざわざお礼にいらっしゃらなくても結構です。

注意

「に過ぎない」含有轻蔑的语气，指程度低，没什么大不了。「だけだ」常用于表达没有别的方法，没有别的可能性，而唯有如此的意思。

❶ 彼はただ平社員に過ぎないから、収入はそんなに多くはないはずだ。
他不过是一名普通的职员而已，收入不会太高。

❷ われわれはただ愚痴(ぐち)をこぼしているだけだ。聞いてくれる人はいないだろう。

我们不过是发发牢骚而已，也没人听吧。

29 【不仅……就是……也……】

…ばかりか…

…はもちろん…

…はもとより

解释

用在表示递进的复句的上半句里，下半句常用“也”“连”等相呼应。

例句

❶ 7岁小孩不仅能读懂现代文，还能顺畅地读懂古文。

7歳の子供は現代文ばかりか、古典もすらすらと読める。

❷ 他们不仅不道歉，还一个劲地指责对方。

彼らは謝らないばかりか、相手の方が悪いと言(い)い張(は)っていた。

❸ 爷爷不仅没坐过飞机，连轮船和高铁都没坐过。

お爺さんは飛行機はもちろん、フェリーや高鉄に乗ったことさえないのだ。

❹ 在四川留学期间，(我)不仅去了乐山大佛，连九寨沟也去了。

四川省で留学していた間、楽山大仏(らくざんだいぶつ)はもちろん、九寨溝(きゅうさいこう)まで行ってきました。

❺ 伯伯不仅不会用计算机，就连智能手机都不会用。

おじさんはパソコンはもとより、スマフォンも使えない人だ。

❻ 不仅火锅，(我)连鱼香肉丝都觉得辣。

火鍋はもとより、魚香肉絲(ユーシャンロース)でも辛いと思う。

注意

「ばかりか」是书面语，是较为生硬的说法。「ないばかりか」多用于说不好的事情。「もちろん」先列举理所当然包括在内的事物，然后再列举出同一范畴的其他事。「もとより」先列举被认为是理所当然的事情，然后接“不仅如此，还有更重要的/更不重要的事”。

❶ 効きそうな薬を飲んだが、効かないばかりか、かえって悪化してしまった。

我吃了看似有效的药，不仅没奏效，病情反倒恶化了。

❷ 家事はもちろん、子供の教育もお父さんに任せている。

不仅家务事，连辅导功课也一并交给了孩子他爸。

❸ 祝日はもとより、普段でも綺麗にお化粧をしている奥さんだ。

太太不仅节假日，连平常日子里也打扮得漂漂亮亮的。

30 【不论……还是……】

…であろうと…であろうと

…にしても…にしても

…といい…といい

…かれ…かれ

…につけ…につけ

…いわず…いわず

解释

表示条件或情况不同，结果却不变，后面往往有并列的词语或表示任指的疑问代词，多与“都”“总”等副词搭配。

例句

❶ 不论学习还是玩耍，他都一本正经的。

勉強であろうと、遊びであろうと、かれはいつもバカ真面目だ。

❷ 不论胜败，我们发誓光明正大殊死一搏。

勝つにしても負けるにしても、正々堂々（せいせいどうどう）と戦おうと誓う。

❸ 不论是设计感还是颜色搭配，他的作品都可以说是一流的。

デザインといい色あいといい、彼の作品は一流だと言えよう。

❹ 不论好坏，到了明天，结果就出来了。

良かれ悪しかれ、明日になれば結果が出るだろう。

❺ 不论看到的还是听到的，都让人耳目一新，吃惊不已。

見るにつけ聞くにつけ、みな新しいことばかりで、驚いてしまった。

❻ 风太大了，眼睛和嘴巴里都吹进了沙子。

強風のせいで、目といわず口といわず砂埃が入ってきた。

注意

「…かれ」只接在意思相反的形容词词干后，表示后项不受前面状况的限制。常用的表达有「良かれ悪しかれ」「多かれ少なかれ」「遅かれ早かれ」等。「…につけ」接在表示对比内容的形容词、动词的终止形后，表示“无论前项还是后项的条件，全都不例外”之意，即后面的行为不受前面情况的限制。「…にしても（しろ/せよ）」接在同一动词的肯定式和否定式后，或者接在表示正反两面意思的单词后，表示不管是否发生该动作，后面的结果、情形都不会改变。另外，接在同类事物的名词后面，有时有二者择一的语气，有时是暗示与此相同的所有人、物。「…といい」列举主语的具体例子或者列举主语所持有的各个侧面，表示无论从所列举出的哪一项来看，都符合后项的结论。常带有感叹、佩服等主观感情。它评价的对象是一个集合体。「…といわず」表示所列举出来的事物毫无例外都符合后项的结论，主要接在表示属于某个整体的一部分的名词后面，暗示整体。

❶ 遅かれ早かれ、こんなパニック状態は治まるだろう。
迟早，这种混乱状态也会平息下来吧。

❷ 話がまとまるにつけ、まとまらないにつけ、紹介して下さった田中課長にお礼をしなければならない。
不论最后能否谈妥，我们必须得感谢帮我们做引荐的田中课长。

❸ 行くにしても行かないにしても、一応準備だけはしておきなさい。
不论去还是不去，你们姑且还是先着手准备。

❹ そのレストランは料理といい、サービスといい、申し分はない。
那家餐馆，不论菜品还是服务都无可挑剔。

❺ 彼の部屋は机の上といわず下といわず、本ばかりだ。
他的房间，不论桌面还是桌下，到处是书。

31 【……不算（不说），还……】

…のみならず、その上（更に）…

…ではすまず、その上…

解释

与“不但……还……”近似，强调后续的行为和动作，“不算（不说）”是否定前面的动作，或对其做出较低的评价，“还”起到强调作用。

例句

❶ 他们造谣不算，还草菅人命。

デマを飛ばしただけではすまず、人の命を思うままにとった！

❷ 重要的文件弄丢了不算，还一句道歉的话都没有。

大事な書類(しょるい)をなくしたのみならず、そのうえ謝る言葉が一つもなかった。

❸ 这个月的工资不算，还有一大笔加班费和奖金。

今月の給料のみならず、高額(こうがく)の残業手当とボーナスももらった。

❹ 老师和夫人退休后走遍了亚洲不说，足迹甚至到了南极。

定年になった先生と奥さんはアジアを歩き回ったのみならず、南極までその足跡(あしあと)を残した。

注意

「済む」有“完结”的意思，常用「で済む」的句型，这里的「では済まず」有“这样还不算，还有更大麻烦”之意。「のみならず」有“两者都”的含义。

❶ お肉のみならず、野菜もとても買えない時だ。

现在不说肉了，连蔬菜都买不起。

❷ 貯金を全部使ってしまっただけではすまず、借金だらけになってしまった。

用光了所有的积蓄不算，还欠了一屁股的债。

❸ もっとかかるだろうと思ったが、200 元のみで済んだ。

我以为要花更多的钱，结果花了 200 元人民币就算了。

32 【不用说（别说）……就连……】

…はもちろん、…も…

…はもとより、…も…

…はおろか、…も…

解释

表示比较和累加关系。

例句

❶ 步行穿过漆黑的隧道，不要说孩子了，就连大人也觉得害怕。

こんな真っ黒なトンネルを徒歩で通りぬくのは、子供はもちろん、大人でさえも怖いだろう。

❷ 奶爸不要说接送孩子，就是做饭洗衣服也样样拿手。

イクメンは子供の送り迎えはもちろん、料理も洗濯も何でもやる。

❸ 英国的房子别说面积大，历史年代感也是其魅力之一。

英国の家は広いのはもとより、歴史を感じさせる古さも魅力（みりょく）の一つだ。

❹ 老驾驶员不要说驾驶技术，就连服务态度，也是值得年轻人学习的。

年配の運転手さんは運転技術はもとより、お客様への応対も若手運転手さんたちが見習うべきものだ。

❺ 在事故中受了伤，不要说跑，就是走路也困难。

事故で怪我をして走ることはおろか、歩くこともできない。

❻ 不要说外语，就连母语都说不顺溜。

外国語はおろか、母語でさえすらすらと喋（しゃべ）れない。

注意

「もちろん」强调前后项不例外，前后两项没有程度轻重之分。「もとより」用于前项为更重要或者更不重要的事情，前后两项有程度轻重之分。「おろか」主要用于消极、否定的方面，表示说话者带有吃惊或者不满的心情，不用于表达命令、请求、禁止等意志句中。

❶ この子はまだ3歳なのに、算数（さんすう）はもちろん、ピンインもできる。

这孩子才3岁，别说算数，连拼音也会。

❷ 一眼レフはもとより、カメラすら使ったことがない。

别说单反相机了，就连照相机也从未使用过。

❸ 彼はとても疲れていて、動くことはおろか、話すことすら力がない。

他累极了，别说动弹，连说话的力气也没有。

C

33 【才……,倒……】

…しか…だが、それがなんと…だ

解释

“才”表示数量小、次数少,能力差,程度低等,“倒”用在后句开头,表示与意料的结果相反。

例句

❶ 班上才 20 个同学,倒是有 13 个男生。

クラスには20 人しかいないが、そのうちなんと13 人が男子学生だ。

❷ 小孩才 7 岁,倒是彬彬有礼,很懂事。

この子はまだ7 歳なのに、礼儀正しく、たくさんのことを知っている。

❸ 他才自学两年,水平倒是比你们都高。

彼は2 年間独学していたが、レベルは君たちよりも高い。

注意

有时可以省略“才”字,复句意思不变。

❶ 出勤時間は長くはないが、給料だけは満足できる。

出勤时间不长,工资倒是让人满意。

❷ 四川大学で留学してそんなに経っていないが、四川の方言もよくわかるらしい。

来四川大学留学时间不长,四川话倒是似乎都能听懂。

34 【除……以外……】

…を除いて…

…のほかに…

…をおいて…

…以外…

解释

“除”与“以外”相搭配，表示不计算在内，常用于书面语。

例句

❶ 除字典和参考书以外，其他书籍均可外借。

辞書と参考書を除いて、他の本はみな貸し出している。

❷ 从整体来看，除了这个问题以外，其他问题基本得到了解决。

全体的には、この問題を除いて、ほぼ解決したと言えると思う。

❸ 支付的话，除了银行汇款以外，您附近的便利店也可以(付款)的。

お支払いは銀行の振替のほかに、お近くのコンビニでも扱（あつか）っておる。

❹ 我们在这里，除了中文、数学以外，还要学习艺术课程。

私たちはここで中国語や数学のほかに、芸術の授業も習う。

❺ 这个角色，除了她之外，没有更合适的人选了吧。

この役にぴったりの女優は彼女をおいてほかにいないだろう。

❻ 结婚对象，除了他没有别人了，所以我决定嫁给他了。

結婚相手は彼をおいて、ほかにいないと思ったから、彼との結婚を決めた。

❼ 除了舒舒服服地泡温泉以外，还有别的提案吗?

温泉に行ってのんびりするほかにも、何かいい案（あん）はないか。

❽ 老师说他除了力气大以外，没有别的长处。

力が強い以外に取り柄がないと先生に言われていた。

注意

「…の除いて」作为书面语，表示范围的限定，即其前项名词的内容不在限定范围内，只有后项才在范围内。「…のほか(に)」表达的是前后两项都在范围内，这就是它们的区别。「…おいて」后常出现「ほかにない」来一起强调其唯一性或适用性，多用于积极意义的叙述，带有评价、推荐或敬佩的语气。「…以外」作为文章用语，经常以「…以外…ない」的形式强调限定的范围。

❶ 重慶は、真冬の一時期をのぞいて、だいたい温暖な気候だ。

重庆，除了寒冬一个季节，气候大抵温暖。

❷ 今日はスーパーに行って、食料品のほかに、文房具も買ってきた。

今天我去了超市，除了吃的，还买了文具。

❸ 私の部屋に合うテーブルはこの白くて丸いのを除いてほかにない。

和我的房间搭配的桌子，除了这张白色的圆桌，没有更合适的了。

❹ 姉に文句を言った以外、今日は誰とも一言も話さなかった。

除了跟姐姐抱怨了几句以外，今天没和任何人说话。

35 【除非……，否则(不然、才)……】

…ないかぎり、…しない

…なければ、…しない

解释

表示唯一的条件，相当于“只有”，常跟“才”“否则”“不然”等搭配。

例句

❶ 除非太阳从西边出来，不然我是不会放弃的。

太陽が西から昇らないかぎり、自ら諦(あきら)めないつもりだ。

❷ 除非你去登门拜访，否则他是不会答应的。

彼を訪ねにいかなければ、自分から引き受けることはないだろう。

❸ 除非社长下达命令，否则没人能改变他的想法。

社長自ら命令を下さない限り、彼の考えを変えられるひとは誰一人もいない。

注意

「ないかぎり」含有如果前项条件变化了，后项产生的状态也有变化的可能性之意。「でなければ…しない」表示与事实相反，如果情况不同，结果也会不同，多与「だろう」「に違いない」「はずだ」「のに」等搭配。

❶ あいつが謝ってこない限り、こっちも許してやらない。

只要他不来道歉，我就绝不会原谅。

❷ ミスさえしなければ、パスできるはずだ。

只要不出差错就能通过。

❸ 助けてくれなければ夢は叶えないだろう。

如果没有得到帮助，我的梦想也无法实现吧。

36 【从……,便(就)……】

…てから…

…て以来…

解释

“从”,介词,与副词“便”“就”搭配,表示某个动作或事项开始的具体时间,可以表示“自从……以后”和“自从……以来”两种意思。

例句

❶ 从出国以后,我便深刻地体会到了祖国的重要。

外国に行ってから自分の国の大切さをしみじみ感じていた。

❷ 为人父母之后,我慢慢明白了父母的想法。

子供が出来てから、親の気持ちが理解できるようになった。

❸ 从独自生活以后,点外卖的日子一直持续。

一人暮らしを始めて以来、ずっと外食(がいしょく)が続いていた。

❹ 从搬到这里以来,骚扰电话便来个不停。

この家に引っ越して以来、毎日のようにいたずら電話がかかってくる。

❺ 从认识以来,我俩就成了最好的朋友。

知り会ってから、一番の仲良しになった。

注意

与「…てから」相关的宾语必须有相同的主语,这一句型单纯地表示前后动作的顺序,没有时间间隔的概念,后项多为动作性动词。「…て以来」后项只能是带有持续性状态的动作,不能是表示连续行为的动作或新发生的某种事态,也不用于表示刚刚发生的事情。句中会出现一些带有持续性意味的副词、时间名词。

❶ 遊びに行くのは宿題が終わってからだ。

出去玩,是做完作业之后的事情。

❷ スポーツクラブに通うようになって以来、毎日の生活に張りが出てきた。

从去健身房之后,每天生活有了干劲。

37 【从……出发】

…(時間)に出発して…

…(場所)を出発して…

…から出発する

解释

“从”后面加表示时间或场所的名词,表示出发点;也可以与名词搭配,表示考虑或处理问题时以某一方面为着眼点。

例句

❶ 从黎明时分出发,花了一整天终于到达目的地。

夜明けに出発して、丸一日かけて、やっと目的地についた。

❷ 我们从重庆出发,经由三峡,到达了武汉。

重慶を出発して、三峡を経て武漢に到着した。

❸ 考虑问题的时候,还是得从实际出发吧。

物事を考える際に、実際の状況から出発しなければならないね。

❹ 要求我们从长远的利益出发拟定销售计划。

長期の利益から出発して、販売計画を立てるようにと求められた。

注意

“从……出发”前的格助词也有用「から」的情况。

❶ 大晦日の夜、広東省の救援医療(きゅうえんいりょう)チームのメンバーは国の呼びかけに応(おう)じ、急いで身支度を整え、家族と別れ、広州市内の空港から武漢へと出発した。

大年夜,广东省医疗救援队队员响应国家号召,迅速收拾好行装,与家人告别,从广州市内的机场出发,前往武汉。

❷ ラスベガスから出発して、レンタカーでアメリカを一周(いっしゅう)したすばらしい旅だった。

从拉斯维加斯出发,租车绕美国一周,真是一次完美的旅行。

38 【从……到……】

…から…まで

…から…にかけて

…から…に至るまで

…から…へと

解释

表示时空的起点和终点；接在数词和名词后表示范围；接在数词、名词、动词、形容词后表示发展或变化的过程。

例句

❶ 小学校の時から結婚するまで、ずっとおばの家で生活していた。

从小学时起，一直到我结婚前，(我)都住在我姨家里。

❷ 農民たちは春から秋まで、ずっと畑（はたけ）で働かないといけない。

农民伯伯从春天到秋天，得一直在地里劳作。

❸ この種の鳥は春から夏にかけて産卵する。

这种鸟儿从春天到夏天都产卵的。

❹ 朝、電車が一番混むのは7時半から8時にかけてだ。

早上，电车最为拥挤的时间段是7点半到8点。

❺ 一日の過ごし方から政治思想（せいじしそう）に至るまで、私が先生の影響を受けなかったのはない。

从如何安排每一天，到政治思想，我无不深受着老师的影响。

❻ 日本人と結婚した王さんは掃除から子供の世話に至るまで、一人でしなければならない。

与日本人结了婚的小王，从打扫房间到照顾小孩，都必须自己完成。

❼ 小鳥たちが枝から枝へと飛んでうれしそうに遊んでいる。

鸟儿们从一个枝头跳到另一个枝头，欢快地嬉戏着。

❽ 革命を境（さかい）にして彼の興味は文学から政治へと大きく変わっていた。

以革命为分水岭，他的兴趣大幅度地从文学转到了政治。

注意

「…から…まで」后面多为持续性动词，且这些持续性动词所表示的必须是有明确的起始、终结的行为或动作。「…から…にかけて」表示两个时间点中间的某一时刻，也可以表示在两个时间点中间的整个时间段一直在进行某动作。如果接地点，表示这一片区域都处于同一种状态，后项可以是瞬间性动词。在「…から…に至るまで」中「から」一般接在最低程度的名词后，「…に至るまで」

接在最高程度的名词后，以此来连带说明中等程度的情况。「…から…へと」表示人物、事态从某个起点开始，只朝一个方向发展、变化，后项多为移动性、变化性动词。

❶ ハルビンから上海まで、汽車で何時間かかるか。
从哈尔滨到上海，火车要开几个小时？

❷ 6月から7月にかけて雨がちの天気が続く。
从6月到7月，一直是多雨的天气。

❸ 子供から年寄りに至るまで楽しめる番組だ。
这个节目老少咸宜。

❹ 彼らは馬車に乗って町から町へと旅を続けるのだ。
他们乘着马车，从一个村庄游走到另一个村庄。

39 【从……说(来说、说来)】

…から言えば(言うと、言ったら)

…から見ると(見れば、見たら)

解释

“从……来说”表示依据，也可以说“从……来看”。

例句

❶ 健康の点から言えば、納豆が大変いい食べ物だと思う。
从健康的角度来讲，纳豆是很好的食物。

❷ 勉強への意欲から言えば、高さんより、黄さんの方が上だ。
从学习积极性来看，小黄比小高要强一些。

❸ 工事の進み具合から見ると、橋の完成は年末以降になるだろう。
从工程进度来看，大桥的完工，要到年底之后了吧。

❹ 残された足跡の大きさから見ると、恐竜の体が20メートル以上もあるに違いない。
从留下的足迹大小来看，恐龙的身体无疑超过了20米。

注意

「…から言えば(言うと/言ったら)」表示说话人的观点，前项不能为表示人物的名词。「…から見ると」接在表示人名的名词或一般名词后，可以用于说话者自己，表示从某人的判断标准来看，可得出这样或那样的结论、看法、意见。

❶ 現在の成績から言うと、北京大学は無理だと思う。

从现在的成绩来讲，要考北京大学恐怕还不行。

❷ 体罰は悪いが、親から見ると、子供への愛情から叩いたのかもしれない。

体罚固然不好，但从父母的角度来说，或许也是出于对孩子的爱才出手的吧。

40 【从……中】

…から

…の中から

解释

表示事情的由来或动作所及的场所、对象，常用于书面语。

例句

❶ 从小孩的描述中，我好歹明白了他们打架的经过。

子供の話から、喧嘩の経過だけはなんとかわかった。

❷ 阳光从窗户投射进来，洒在地板上。

日差しが窓から差し込み、床に落としている。

❸ 塑料是从石油中提取出来的。

プラスチックは石油から抽出されたものである。

❹ 从工作中感受到乐趣，较为满足。

仕事の中でその楽しみを感じ、満足している。

注意

「…の中から」表示空间范围内部的意思。「…から」表示材料时，含有从成品无法判断原材料的意思。

❶ 箱の中からひよこが飛んできた。

从盒子里跳出一只小鸡崽。

❷ 大豆から豆腐を作る。

用大豆制作豆腐。

D

41 【当……的时候】

…の時(に)

…にあたって…

…に際して

解释

“当”是介词,表示“正在(那时候)”之意。

例句

❶ 当樱花盛开时,我打算游览日本。

桜が満開する時に、日本を旅行する計画だ。

❷ 当大女儿上大学的时候,二女儿正好上初中。

長女が大学に入った時、次女が中学校に上がったばかりだった。

❸ 在我们送去新婚祝福之时,请允许我带个头,大家干杯吧。

ご結婚をお祝いするにあたって、乾杯の音頭をとらせていただく。

❹ 在会议拉开帷幕之际,我来简单说两句。

開会にあたってひとことご挨拶を申し上げる。

❺ 调查即将铺开之时,我们必须先征得有关人员的同意。

この調査を始めるに際して、関係者の了解を取らなければならない。

❻ 当会长被选出来时,传来了他违纪的传言。

会長選出に際して、不正が行われたとの噂がある。

注意

「…にあたって」经常用于在集会、仪式等公众场合的致词或感谢信。「…に際して」与「…にあたって」较相似,但后项多为短时间的行为,表示有一定时间幅度的行为一般不用。

❶ ご卒業にあたって、一言お礼の言葉を述べさせていただく。

当大家迎来毕业之时,请允许我简单表达一下感谢之心。

❷ 彼らが栄誉を携(たずさ)えて帰国したに際して、市長を始めみんな空港まで出迎えに行き、心から歓迎した。

当他们载誉归国时，以市长先生为首，大家前往机场迎接，热烈欢迎。

42 【当然……但……】

もちろん…、だが…

…当然だが、…だ

解释

“当然”表示合于事理或情理，没有疑问，“但”引出与前项相反的事实或含义，常用于书面语。

例句

❶ 私人订制的裙子当然最合适不过了，但是价格太贵了呢。

オーダーメイドのドレスはもちろんお似合いだが、値段が高すぎるのだね。

❷ 当然，我做司机没问题，但是要像导游一样讲解是不行的。

もちろんドライバーをやってもいいが、ガイドのように説明するのは無理だ。

❸ 面对伴有危险的实验，我们当然要慎重，但也不能逃避。

危険性が伴う実験などは、当然慎重に行わなければならないが、逃げてはいけない。

❹ 做错了事当然要被解雇，但是我还是觉得他挺可怜的。

あんなことをしたら当然首になるのだが、しかしやはり可哀想だと思う。

注意

“当然”表示道理、常识、法律或者事情的因果等导致的必然结果。「もちろん」表示排除因果关系，用善恶标准来判断的结果。

❶ 遅刻して叱られたのも当然だが、しかし2時間立たされるなんてちょっと…

迟到了挨骂是理所当然的，但是罚站两小时，有点过了。

❷ 新型機がもちろん欲しいが、しかしなかなか手に入らないのだ。

新机型当然想要的，但是买不到啊。

43 【到……才……】

…て、やっと…

…てはじめて…

解释

表示对动作或状态持续的时间过长，事件的发生或结束太晚的感叹。

例句

❶ 到我工作的第三年，收入才够养家糊口。

仕事して三年目になって、やっと食っていけるぐらいの収入になった。

❷ 一个月之前寄出的口罩，听说到了昨天才收到。

一月前に送ったマスクが昨日になって、やっと届いたとのことだ。

❸ 身体健康的时候不以为意，到生病了才明白健康的珍贵。

体が健康なうちに健康のありがたさに気づかなかったが、病気になってはじめてそれが分かる。

❹ 到大学毕业踏入了社会，才明白世事残酷。

大学を卒業して、社会人になってみてはじめて、世の中の厳しさを知った。

注意

「…やっと」有经过一番艰苦努力或一段较长的时间之后，所期待的事情实现的了含义，多含有“松了口气”“喜悦”或者“费时”“不得了”的心情。「…てはじめて」后项多为有认识、发现、变化意思的动词，同时也表示正是因为前项这样的条件，才有可能实现后项。

❶ 何日も練習して、今日やっとできるようになった。

练习了好几天，到了今天才掌握了。

❷ 外国に行ってはじめて、自民族の文化をよく知っておく重要性がわかってきた。

到了踏出国门的时候，才想明白提前学习本民族文化的重要性。

44 【到……的时候……】

…になったら…

…になると…

解释

表示动作、行为发生的时间，或者到某个时间节点时，某种状态还在持续。

例句

❶ 到了阳春三月的时候，去武汉赏樱花吧。

春酣(たけなわ)の三月になったら、花見に武漢へ行きましょう。

❷ 到我坚持不住的时候，我会告诉组长的。

耐えられなくなったら、係長に報告するわ。

❸ 到了冬天的时候，得流感的人特别多。

冬になると、インフルエンザにかかる人が多くなる。

❹ 天亮的时候，这里还挺热闹的。到了夜幕降临，就人烟稀少了，一个人走夜路挺危险的。

明るいうちにこのあたりは賑やかだが、夜になると人通りもなくなり、一人で歩くのは危ない。

注意

「…になったら…」表示前项先于后项发生，某个具体时间、具体事物一旦发生，后项会怎样，后项常用愿望、意志或者对听话人的要求、劝诱的语气，常用于口语。「…になると…」表示前项事情一发生，后项的事情就会自然而然地发生，或者后项为习惯性、反复性的动作。

❶ 夏休みになったら、どこか涼しいところへ行きたい。

到了暑假，我想去凉快的地方避暑。

❷ 教師になる夢が叶ったら、ぜひ子供達に物づくりの楽しさを教えたい。

到我实现当老师的梦想时，我一定要告诉孩子们制作手工的乐趣。

❸ 誰もが年をとると、昔のことが懐かしくなるものだ。

任何人都是到了年老的时候才开始怀念过去。

❹ 妹は給料日になると、ショッピングに行く。

我妹妹一到了发工资的那天，就要去逛街。

45 【到底是……还是……】

…(の)か、あるいは

(の)か、それとも…(の)か

(の)か、または

解释

表示不是甲就是乙,要求对方选择其一,含有责问对方的语气。

例句

❶ 明年就要毕业了,你到底是出国还是考研,赶紧决定吧。

来年いよいよ卒業だから、留学に行くのか、あるいは大学院に入るのか、早く決めなさい。

❷ 这个方案,你到底是赞成还是反对,(态度)明确一点。

この案について、一体賛成するのか、それとも反対するのか、はっきりしなさい。

❸ 到底是坐索道上山还是爬上山,来投个票。

ロープウェイで頂上へ行くのか、または登っていくのか、投票で決めましょう。

❹ 很多老师不知道在线学习到底是让学生自己做练习题、提问,还是要老师出镜讲课。

オンライン教育とは一体学生に宿題をして質問させるのか、それとも先生がライブで授業するのか、まだ迷っている教師はたくさんいる。

注意

「または」为生硬的书面语,要求对方二选一,接在两者选择的时候,可用于疑问句,也可以用于陈述句。「あるいは」为书面语,表示二者或者二者以上的选择,可以用于疑问句,也可以用于陈述句。「それとも」用于关系亲密的人之间,表示二者选其一,只能用于疑问句中。

❶ 受付のところまたはメールボックスに入れて置いてください。

请你放在前台或者信箱里。

❷ 東京、大阪、あるいは福岡で開催するかもしれない。

或许将在东京、大阪或者福冈举行吧。

❸ 今日にするのか、それとも明日にするのか、私はどちらでもいいよ。

定在今天,或是明天,我都可以呢。

46 【……的……，……的……】

…は…は…

…たり…たり…

…も…ば…も…

解释

表示某个时间带上，数个动作同时进行或数个状态同时存在。

例句

❶ 写方案的写方案，查资料的查资料，分工合作很愉快。

企画書を書く者は書き、資料を調べる者は調べ、分担して仕事するのも楽しい。

❷ 缝的缝，裁的裁，很快一批口罩就出炉了。

縫うものは縫い、切るものは切る。しばらくすると、大量なマスクが出来上がった。

❸ 幼儿园的孩子们，跑的跑，跳的跳，欢闹起来。

幼稚園の子供たちは駆けたり走ったり、飛んだり跳ね上がったりして、騒いでいる。

❹ 这一箱苹果大的大，小的小，不过味道不错。

この一箱のリンゴは大きいものもあれば、小さいものもあるが、味はよくない。

注意

「…たり…たり…」表示行为反复交替出现；「…も…ば…も…」把对照性的事情并列起来，表示还有很多情况。

❶ 客はお酒を飲んだり、タバコを吸ったりして、喧しく騒ぎ立てているところなんだ。

客人喝酒的喝酒，抽烟的抽烟，那地方乌烟瘴气。

❷ 人生の道では笑う人もいれば、泣く人もいて、どちらが正しい道かとは言えない。

人生道路上，人们哭的哭，笑的笑，说不好哪条路是正道。

47 【……的话】

…ば…

…たら…

…なら…

解释

用在表示假设的分句后面,表示假设语气。

例句

❶ 如果说一遍就能听进去的话,谁会啰唆呢?

一回言うだけで聞いてくれるのならば、くどくどと同じことを言う人がいないだろう?

❷ 如果大家心往一处想,劲往一处使的话,一定能成功的!

みんな心を一つにして、力を合わせてやれば、成功できると信じる。

❸ 如果有什么变化的话,请尽快通知我。

もし何か変更がございましたら、ご連絡いただくようお願い申し上げる。

注意

"的话"可以放在句末,表示假定。"否则的话""要不的话""不然的话"可以引出后句。

❶ 私も現場へ行ってみたい! もしチケットがあればね。

我也想去现场看看,如果有票的话。

❷ やはり急いで行かなければ、電車に間に合わないのよ。

你还是快点吧,不然的话,赶不上车了。

❸ 謝りに行きなさい。そうでないと、次回は協力してくれないだろう。

还是给他道歉吧,否则的话,下次不会跟我们合作的。

48 【等到……(的时候)就……】

…の時に…

解释

表示时间的标志,常用于口语。

例句

❶ 等到孩子们都大了，我们就可以轻松轻松了。

子供たちが大きくなった時には私たちの肩の荷も降りるだろう。

❷ 等到4月中旬时，待在家里的孩子们就该回学校了吧。

4月中旬ごろになると、家に閉じ込められている子供たちも学校に戻るだろう。

❸ 平时不出房间，等到饭做好了，就都跑出来了。

普段部屋に籠っている子供たちは、食事の時間になるとちゃんと出てくる。

❹ 等到4月底再去日本的话，樱花都谢了吧。

4月末に日本に行くとすると、もう桜も散ってしまうだろう。

注意

“等到”也可以说“赶上”。

❶ 機嫌のいい時に音楽を流して居間で踊ったりするのだ。

赶上高兴的时候，也会放上音乐在客厅跳跳舞。

❷ 私が休む時にきまって雨が降る。

赶上我休息的时候，准会下雨。

49 【东……西……】

…あっちこっち…

…あれやこれや…

解释

“东……西……”中间可以插入意思相近的动词、数词或者动宾短语。

例句

❶ 毕业生们为了找工作，东奔西走。

卒業生たちは仕事を探すため、あっちこっち駆け回る。

❷ 大风之后，村子里的房屋东倒西歪。

大風のあと、村中の部屋が斜めになって倒れそうになっていた。

❸ 再也不要东躲西藏，赶紧去自首吧。

もうあっちこっちに逃げ隠れはしないで、早く自首に行け！

❹ 东拼西凑的学费被诈骗犯给骗走了。

あっちこっちに寄せ集めた学費が詐欺犯に騙し取られてしまった。

⑤ 婆婆们一碰面就东家长西家短的，唠个不停。

姑たちが顔を合わせると、あれやこれやと喋べる。

⑥ 到处都是衣服，东一件西一件乱扔，房间乱七八糟。

どこもかしこもみな服だ。あっちに一枚、こっちに一枚、部屋を散らかしっぱなしにしておく。

注意

有时候，"东……西……"的形式表示范围广或涉及的人、事情等不确定。

① 週末に子供たちが帰ってくると、お母さんは嬉しさのあまり、あれやこれやと尋ねるが、すぐ子供たちの機嫌を損ねてしまう。

周末孩子们一回家，母亲高兴得很，忍不住问东问西，可很快就惹他们生气了。

② あれやこれやと台所で忙しそうにしている妻を見て、なんの手伝いもできない彼だ。

看着妻子在厨房东忙西忙，他却一点忙也帮不了。

50 【对……来说】

…にとって

…には…

解释

表示进行状态、判断和评价的范围和基准，也可以说"对于……来说"。

例句

① 拼音的四声对中国人来说没有什么，对于学习中文的外国人而言，的确很有难度。

ピンインの四声は中国人にとっては大したことではないが、中国語を習っている外国人にとっては確かに難しいだ。

② 对于刚到南方的北方人来说，没有暖气的冬天实在是很煎熬。

南の方に着いたばかりの北の人々にとっては、暖房のない冬は本当に過ごしにくい。

③ 做菜对于我先生来说太难了，永远学不会。

調理することは旦那さんにとって難しすぎて、いつになってもできないだろう。

④ 每天上课还要爬山，对重庆本地孩子来说没问题，对来自平原地区的学生，实在是无法想象。

毎日授業のため山登りするのは重慶っ子には大丈夫だが、平野からきた学生にはとんでもないことだ。

注意

「には」接在表示人的名词后面，后面常见「大きい」「難しい」「できる」「できない」表示对某种情况作出评价。一般用「には」，而不是「に」。

① このセーターは私には大きすぎる。

这件毛衣对于我太大了。

② この問題は5歳の子供には無理だろう。

这道题对于5岁的孩子来说难了吧。

51 【……多少……多少】

…動詞能動態だけ…

…たいだけ…

解释

表示不确定或未知的数量。

例句

① (能)吃多少拿多少，自助餐也不能浪费。

食べられるだけとってください。バイキングでも無駄にしてはいけません。

② 能借多少借多少，买房子还差得远呢。

借りられるだけ借りてきなさい。家を買うのにまだまだ足りないよ。

③ 口罩，你有多少我要多少。

マスクなら、在庫あるだけ、ください。

④ 今天，想喝多少喝多少，我请客。

今日は飲みたいだけ飲みなさい。奢るから。

⑤ 如果喜欢这里，那么想待多久待多久吧。

ここが気に入ったら、いたいだけいていいわよ。

注意

「動詞能動態だけ」经常接「頑張る」「持つ」,表示“尽最大努力”。

「…たいだけ」有时可以译成“怎么”。

❶ 頑張れるだけ頑張ってみよう。

能拼成什么样我就拼成什么样。(尽我最大的努力。)

❷ 持てるだけ持っていきなさい。

能拿多少就拿多少去吧。

❸ 遊びたいだけ遊んでもいい。今日はお誕生日だから。

想怎么玩就怎么玩,今天是你生日。

F

52 【凡是……】

…必ず…

…皆…

解释

总括某个范围内的一切。

例句

❶ 凡是有疑问的地方,他总会勾画出来问老师。

分からないことが有れば必ずマークをつけて先生に聞く。

❷ 凡是答应了别人的事情,就一定要努力办到。

約束したことは必ず果たすのだ。

❸ 凡是下了决心的事情,就一定要坚持到底。

決心をつけた以上、必ず最後までやり抜くのだ。

❹ 凡是来中国的人,都想亲眼看看熊猫。

中国へ来る人は皆パンダをこの目で見てみたいだろう。

❺ 凡是指出的问题,我都一一记录了下来。

指摘された問題点は皆丁寧にメモしておいた。

注意

"凡是……总……"多用于书面语,"凡是……就……"多用于口语,而"凡是……都……"口语和书面语皆可。

❶ うそならいつかきっとバレてしまう。

凡是骗人的话,总会被拆穿的。

❷ きみがやってくれれば、きっと問題がないと信じている。

凡是你办事,我都是放心的。

53 【仿佛……】

…あたかも…ようだ

…まるで…みたいだ

解释

"似乎""好像"之意，多用于书面语，后多接形容词，偶尔也加名词或短语。

例句

❶ 这个春节经历这么多，仿佛做了场噩梦一样。

今年の春節、いろいろあって、あたかも悪夢を見ているようだ。

❷ 他说起来头头是道，仿佛亲眼目睹的一般。

一つ一つ筋道立って話している、彼はあたかもこの目で見ていたかのようだ。

❸ 他们仿佛是从19世纪来的，对电子产品一概不知。

電気製品には何も知らない、彼らはまるで19世記から来ている人間みたいだ。

注意

「まるで」表示主观推测，样子相似，完全没差别。也可以与否定语呼应表示全面否定。「あたかも」与「まるで」相近，常和「ようだ」「ごとし」呼应使用；与「ころ」「時期」「時代」相呼应，表示正是好时机，是书面语。

❶ 姉はまるでこどものように母にねだった。

姐姐仿佛小孩子一样，缠着妈妈要东西。

❷ 私の英語はまるで忘れてしまった。

我的英语忘得一干二净。

❸ いや、この前とはまるで違う人だったよ。

不，和上一次完全是两个人。

❹ あたかも冬の如く冷え込んだ夜だ。

夜晚寒冷刺骨，仿佛冬夜一般。

❺ あたかも100日の旱魃も近いころだ。

干旱已近乎百日之时。

❻ あたかも春のような日差しを浴びて学校へ向かう。

沐浴着阳春三月和煦的阳光，朝着学校去了。

54 【放着……不……】

…たまま…

…しないで…

解释

表示对方有能利用的条件却不利用，带有不满和意外的心情。

例句

❶ 放着该做的事情不做，一天到晚老守着电视看！

やるべきことをほっぽりだしたまま、一日中テレビばっかり見ているんだ。

❷ 明明放着活儿不干，整天惦记着上网买衣服。

ろくに仕事もしないで、ネットの通販ばっかりに夢中だ。

❸ 放着大路不走，偏要去踩小道。

ちゃんとした道を歩かないで、わざわざ狭い道を歩く。

注意

「まま」接在瞬间动词的后面，表示动作结果一直持续。「ないで」表示“在没……状态下”，可以和书面语「ずに」替换。

❶ お客さんを待たせたまま、ほかの人とずっと電話をしていた。

放着客人不管，一直跟其他人打电话。

❷ 朝ごはんもせずに、出かけてしまった。

放着早饭不吃，就出门了。

55 【非……不可】

…ずにはおかない

…しなければならない

絶対に…してやる

解释

“非”与“不可”“不成”“不行”呼应，表示必须、一定，口语中“不可”有时候可以省略。

例句

❶ 他的言行举止，非激怒大伙不可。

彼の言葉と振る舞いはみんなを怒らせずにはおかない。

❷ 这个会议很重要，我非去不可。

今日の会議がとても大事なので、出なければならない。

❸ 这道物理题，我今天非解出来不可！

この物理の問題、今日絶対に解いてやらなくちゃ。

❹ 你还说谎，我今天非揍你一顿不可！

またうそをつくのか。今日絶対に殴ってやるぜ。

注意

「…ないでは(ずには)おかない」也表示由外部的强大力量导致不以人的意志为转移的结果，因而具有较轻的客观性。这一用法多用于描述一些客体的心理与感情变化，表示自然或者半强制性陷入那样一种状态；主要用于叙述与本人感情无关，因外界巨大影响而肯定会出现那样的行为、状态，比如感情的变化或者争论的发生等自发行为。

❶ こんな美しい景色を画家に見せたら、きっとスケッチしないではおかないだろう。

如此美景叫画家见了，非画下来不可。

❷ この映画は彼を感動させずにはおかない。

那部电影非打动他不可。

56 【非……不行】

…しなければならない…

…であろうと、絶対…だ

解释

也可以说“非……不成”，双重否定表示语气坚决，一是表达一种强烈的必要性、必然性；二是表示强烈的愿望与决心。

例句

❶ 再不听话，非不及格不可。

もうこれ以上言うことを聞かなければ、不合格に決まっている。

❷ 新来的人不懂规矩，非社长跟他谈谈话不行。

新人さんは礼儀が悪いので、社長が来なければだめだろう。

❸ 别说我身体不好，这次我非自己爬上泰山不成。

体が悪いなんて言わないで。今度絶対自ら泰山に登りにいかなければ気がすまないのだ。

❹ 难是难了点，但是我非努力不行。

難しいのは難しいか、絶対に頑張らなくちゃ。

注意

“非”用在“要”“得”之前，省略“不可”“不行”“不成”，意思不变。

❶ 非常に重要な報告だから、会長の同意を得なければ公表できません。

这是一份十分重要的报告，非得有了会长的点头才能公布。

❷ ここは駐車禁止と分かっているから、どうしても降ろしてくれと言う乗客がいても、絶対止められません。

我知道这里不能停车，哪怕有乘客非要下车，我也不会停车的。

57 【非但……】

…ばかりか…

…だけでなく…

…のみならず…

解释

“非但”为“不但”之意，后接“还”，表示累加、递进关系。

例句

❶ 出乎意料的是，父母非但没有责骂，还耐心开导我。

意外なことに、両親は叱らなかったばかりか、優しく励ましてくれた。

❷ 犯人图的非但是钱财，更是他的性命啊。

犯人が狙っているのは財産ばかりか、その命なんだ。

❸ 校园暴力问题非但是教育界的问题，更是全社会的问题。

いじめ問題は教育界だけでなく、社会全体の問題だ。

❹ 新型病毒，非但是中国的敌人，更是全人类的敌人。

新型コロナウィルスは中国だけでなく、全人類の敵なんだ。

❺ 她非但天资聪颖，还美丽端庄。

彼女は生まれながら聡明のみならず、容姿端麗でもある。

❻ 最近化妆品非但在女性消费者中畅销，还在年轻男士中热卖。

最近化粧品は女性消費者のみならず若い男性にもよく売れている。

注意

「…ばかりか」表示不仅如此，还要在此基础上加上程度更为严重的事项。后项多为叙述递进的累加关系的语句，常常出现「も」「まで」「さえ」「だって」等副助词；但后项不能接表示命令、要求等意思的句子。「…だけでなく…」是较生硬的书面用语，表示大概限定，即前后两项都不例外。更为郑重的表示方式是「ただ(ひとり)……のみならず」。「…のみならず」作为郑重的书面语，表示绝对限定，即排除其他一切的限定。「だけ(ばかり)でなく」表示的是大概限定。另外，「ばかりか」也表示大概限定，而且前后项还有程度的差异。

❶ チェルノブイリ原発事故では周辺地域ばかりか全世界的な放射能汚染を引き起こした。

切尔诺贝利核电站事故非但对周边地区，更是对全世界范围内的核污染事件。

❷ 貿易摩擦はただ両国だけでなく、ほかの国にも大きな影響を与えている。

贸易摩擦非但两国之间，对其他国家也会产生影响。

❸ 李さんは英語のみならず、日本語にも堪能だ。

小李非但擅长英语，更是精通日语。

G

58 【该……就……】

…すべき…する

解释

表示事情的发展或道理必然得到这样的结论。有时候省略“就”。

例句

❶ 该学就学，该玩就玩，必须得合理安排时间。

勉強すべき時はちゃんと勉強し、遊ぶ時はちゃんと遊ぶって時間を有効に利用しなければならない。

❷ 该我担责的时候我会担起责任的。

取るべき責任ならちゃんと取るのだ。

❸ 该是什么价格，我就卖什么价格，童叟无欺。

売るべき値段で売るから、絶対ぼらない。

注意

接过去的事情，表示说话者后悔或者反省的心情。

❶ バーゲンの時は買っておくべきだった。

打折的时候该买还是得买。

❷ 若い時やっぱり海外留学に行っておくべきだった。

年轻的时候该去国外留学的。

59 【刚……就(便)……】

…するとすぐ…

…するやいなや…

解释

表示两件事紧接着，用于书面语。

例句

❶ 刚回到家，工作的电话就打来了。

家に帰り着くとすぐ、仕事の電話がかかってきた。

❷ 刚一躺下，便打起呼噜来。

横になるとすぐ、いびきをかいてきた。

❸ 招聘广告贴出去，来应聘的就络绎不绝。

求人広告を出すやいなや、その会社に応募者が殺到した。

❹ 高峰时期的站台，车门刚开，乘客便蜂拥下车。

ラッシュ時のホームではドアが開くやいなや、乗客がどっと電車から雪崩れ出た。

注意

「…とすぐ」后续可以是现在时，表示"一……就……"。「…やいなや」强调两个动作几乎是同时发生，多为同一主体；前项多为瞬间性动词，后项主要为自然结果，不能是习惯性的、必然性的现象，也不能是潜在的、未知的事情。可以用于描述说话人自身的行为动作，其后项一般为过去式，后面也不能出现说话人的意志、命令、请求和否定等表现形式。

❶ 弟は家に帰るとすぐテレビのスイッチを入れる。

弟弟刚一回家，就去开电视。

❷ 前の交差点を右へ曲るとすぐだ。

前面的十字路口一过便是。

❸ 私に借金をしている彼は私の顔を見るやいなや、言い訳を始めた。

找我借了钱的他一看到我就开始找借口。

❹「どうして俺なんか産んだんだ」という兄の言葉を聞くやいなや、母は真っ赤にして怒りだした。

哥哥一句"为啥要生我"，惹得母亲勃然大怒。

60 【各……各的……】

…それぞれ…

…めいめい…

…おのおの…

解释

表示不止一人同做某事或者不止一物同有某种属性。

例句

❶ 那两口子各忙各的，小孩的教育全权委托给了老人。

あの夫婦はそれぞれ自分の仕事で忙しく、子育ては一切親に任せている。

❷ 我觉得平板电脑和笔记本电脑各有各的用途。

タブレットとノートブックはそれぞれの用途があると思う。

❸ 聚餐结束之后，各回各的家。

食事会が終わって、それぞれ自分の家に向かった。

❹ 工资还是交到各自手上为好。

給料はやはりめいめいに渡すほうがよい。

❺ 票各自拿好各自的。

きっぷはめいめいで持ってください。

❻ 人各不相同，工作上应该各尽所能。

人はそれぞれ違うもので。おのおのの個性を生かせた仕事をすべきだ。

注意

「それぞれ」用于口语，指代人、动物、事物、程度、状况均可，强调各自的个性，「それぞれ…違う」的搭配较常见。「めいめい」略带古典色彩，只能用于人。

「おのおの」书面语，强调共同之处，但不能指代程度。

❶ 集まったひとをそれぞれの部屋に案内してあげる。

把凑到一起来的人各领各的房间去。

❷ めいめいを勝手に遊ばせるといい。

让他们各玩各的就挺好。

❸ 箱にいる昆虫はおのおの6 本の足を持っている。

盒子里的昆虫各自都有 6 条腿。

61 【给……以……】

…すべき…

解释

书面语,“给”接间接宾语,“以”接直接宾语,也可以说“给……了”。

例句

❶ 对于生活困难职工,大家应给予热情的帮助。

生活に困っている職員に対して、熱心に助けてあげるべきだ。

❷ 认认真真待在家里,不给病毒以可乘之机。

ちゃんと家に閉じこもらなくてはいけない。ウィルスに乗じる隙を与えるべきではない。

❸ 积极向上的同学,我们要给他们大力的支持。

前向きに頑張ってる学生には大いに応援するべきだ。

注意

以“给予”的形式出现时,后面多接抽象的事物。

❶ 礼儀正しくよく頑張っている学生は表彰すべきだ。

讲礼貌、肯刻苦的学生,应该给予表扬。

❷ 私費留学生に対して適切な便宜を与えるべきだと思う。

我认为自费留学生应该给予适当的照顾。

62 【跟……一样……】

…と同じ…

解释

“跟”后接比较和比拟的对象。

例句

❶ 你们跟我一样,长这么大都没见过台风吧。

私と同じで、これぐらい大きくなってもまだ台風を見たことがないだろう。

❷ 姐姐跟我一样,从小没在父母身边长大。

姉も私と同じように、小さいころから親元を離れ育ってきたのだ。

❸ 老师对待我们跟自己的孩子一样,非常热心和细致。

先生は私たちに自分の子供と同じように大変優しく、親切にしてくださった。

注意

「同じ」直接接名词，如「同じもの」「同じやり方」。

❶ あの人が食べているのと同じものをください。
请给我来一份跟他吃的一样的。

❷ それも前のと同じ出版社の本だから、表紙のスタイルが似ています。
你这本和先前那本是一个出版社的书，封面风格类似。

63 【固然……但是(可是)……】

…もちろん…だが…

解释

表示承认某个事实，引起下文转折。

例句

❶ 能去海外留学固然是好的，但是费用难免让人担心。
海外留学に行けるのはもちろんいいことだが、費用は心配されるね。

❷ 你能亲自去一趟固然最好，但我又怕你才出院需要休息。
ご自分で尋ねにいくのはもちろんいいことだが、退院したばかりなので休まないといけない。

❸ 大家的各抒己见固然是好事，但是众口难调，最后少数服从多数吧。
皆がどんどん意見を出しくれるのはもちろんいいことだが、全ての人を満足させかねるので、多数決で決めよう。

注意

「もちろん」表示理所当然和可以接受的心情。有时也用「確かに…が」「だからといって」等表示转折。

❶ 確かによい案だが、目下のところ通じられないようだ。
固然是个好主意，但眼下貌似行不通的。

❷ 確かに多くの困難がある。だからといって諦めるわけにはいかない。
困难固然是很多的，可是不能就此放弃。

64 【怪……的】

なかなか…だ

解释

表示程度高，多用在口语。

例句

❶ 那小姑娘七八岁的样子就死了母亲，怪可怜的。

7歳か8歳のころ母親に死なれたあの小娘はなかなかかわいそうだね。

❷ 别（在家）涮火锅了，怪麻烦的，咱们出去吃吧。

火鍋はいい。なかなか面倒だから、外で食べようよ。

❸ 第一次在这么多人面前说话，怪不好意思的。

大勢の前で話すのは初めてだから、なかなか恥ずかしかった。

❹ 别扔，买来没怎么用，扔了怪可惜的。

捨てないで。買ってきてまだ長くはない。すててしまうのは勿体無いわ。

注意

有时用“怪”后接“不＋形容词/动词＋的”。

❶ 貸してやると言っておきながら、お金がないというのはなかなか具合が悪い。

说好了借钱给他，又说没钱了，怪不好的。

❷ 収穫のシーズンになるといつもいつもたくさん送ってくれて、なかなかすまなく思う。

一到了收获的季节，总是给我寄很多来，怪过意不去的。

65 【管……叫……】

…を…と呼ぶ

解释

“管”的作用跟“把”相近，搭配“叫”。

例句

❶ 他长得又矮又敦实，大家都管他叫胖娃。

彼は背が低くてガッチリしているので、皆彼をパンちゃんと呼ぶ。

❷ 刚过40的他长得显老，大学生都管他叫大爷了。

40 歳をちょっと過ぎた彼は老(ふ)けて見えるから、大学生は彼をおじさんと呼ぶのだ。

❸ 毕业了不工作，靠打零工维持生计的，我们管这种人叫“自由职业者”。
卒業してまともな仕事にもつかず、バイトで食っていく人を「フリーター」と呼ぶ。

注意

也可以用「…を…と言う」。

❶ 日本語で広西チワン族自治区の名物である螺蛳粉を「タニシ麺」と言う。
日语管广西的名小吃螺蛳粉叫“タニシ麺”。

❷ 日本語で「なかなか治りきらない病気」を「持病」と言う。
日语中管“治不好的慢性病、老毛病”叫“持病”。

66 【管……(呢)反正……】

…しようとしまいと…どうせ…
…ようが

解释

不管，无论。常用在口语中。

例句

❶ 管你们去不去呢，我反正明天一大早从家出发。
君達が行こうと行くまいと、とうせわたしは早朝(そうちょう)家を出て行くのだ。

❷ 管它明天下雨不下雨呢，反正我下定了决心的，出发！
あした雨が降ろうと降るまいと、どうせ決心つけたんだから、出発するぜ。

❸ 管他谁来教呢，反正我还有一学期就毕业了。
誰が教えようが構うものか、どうせあと一学期で卒業するもんだから。

注意

「ようが」是「ても」的书面表达方式，表示“采取什么样的行动也……”“是什么样的状态都……”的意思；可以和「ようと」互换，后半部分多用意志、决心的「自由だ」「勝手だ」等表示评价的形式。

❶「どこで何をしようがお前の勝手だ」と父は怒鳴(どな)った。

爸爸怒吼道:“管你在哪里做什么,爱怎样就怎样!”

❷ 人に何を言われようが、わたしの意志はかえられない。

管他说什么,都不能改变我的意志。

67 【……归……,……归……】

…は…、…は…だ

解释

用在相同的动词、形容词或名词之间,表示尽管如此,但并未引起相应的结果。

例句

❶ 当初归当初,现在归现在,我的要求可得跟着时代来变。

当初は当初、今は今だ。わたしの要求も時代とともに変わるのだ。

❷ 朋友归朋友,借的钱还得带利息还呢。

友人は友人、借りたお金は利子(りし)付(つ)きで返さなければならないね。

❸ 他归他,我归我,离婚了可没有关系了。

彼は彼、わたしはわたし、離婚した以上、もう関(かか)わらないの。

注意

可以加在同一动词的后面,同样表示对立或比较。

❶ 叱ることは叱ること、ボーナスは1円も差(さ)し引(ひ)かなかった。

批评归批评,奖金可一分没少。

❷ 言うことは言うこと、やることはやることって、だめだよ。言葉と行動(こうどう)を一致しないと。

说归说,做归做可不行,言行必须一致。

H

68 【还(有、是)……才……】

まだ…まで…

解释

加在表示时间的词语后面,表示时间尚早。

例句

❶ 不要催了,还有半个小时才上课呢。
もう催促しないで。授業まであと30分あるから。

❷ 还有七八年才能自食其力呢,现在老老实实学习吧。
自分で働いて生活できるまであと7、8年もあるから、いまのうちちゃんと勉強しておきなさい。

❸ 买的酸奶还有一周才过期呢。
買ってきたヨーグルトは賞味期限(しょうみきげん)まであと1週間あるのよ。

❹ 还有半个小时才发车,我去买点矿泉水来。
発車するまであと30分あるから、ミネラルウォーターを買ってくる。

注意

"还……才……"有时具有其他句意。

❶ それはまだ五年前、大学に入ったばかりのころだった。
那还是五年前,我才进大学的时候的事了。

❷ やはりお父さんが勧めてみなければ、全然聞いてくれないだろう。
还是得父亲出面劝说,他才听得进去呢。

69 【……还(没、未)……就……】

まだ…もしないのに、もう…

解释

表示后项比前项早发生。

例句

❶ 菜刚上桌，我还没尝到滋味呢，就被抢光了。

料理が出されると、まだ口にしないのに、もう食べられてしまった。

❷ 他去了美国还不到一个月呢，就被强制遣返了。

アメリカに行ってまだ一ヶ月もしないのに、強制送還された。

❸ 还没跟老师打招呼就先行离开了，不太好吧。

先生に断りもしないのに、出かけてしまうのはよくないだろう。

❹ 山区里的小孩，天还不亮就背起书包去学校了。

山の奥の子供達はまだ明るくもならないうちに鞄を背負(せお)って学校へ向かった。

注意

「まだ…」也表示时间还早，或很早之前的事情。

❶ まだわずか6歳に過ぎないが、飛び級で三年に入っている。

小孩还不到六岁，已经跳级跳到了三年级了。

❷ まだ日本に来る前から、彼はずっと君の住所を尋ねに回っていた。

在他还没来日本之前，他就一直在到处打听你的住处。

70 【还是……吧】

やはり…だろう

解释

表示倾向性选择，含有“这么办比较好”的意思。

例句

❶ 开会的事情还是你来主持吧，他经验不足。

会議の司会はやはり君がやった方がよいだろう。彼は経験不足だから。

❷ 今天还是休息一下吧，连续工作了两周了。

やはり休憩(きゅうけい)しよう。もう2週間連続仕事をしていたから。

❸ 水果还是买应季的吧，应季的新鲜。

果物はやはり旬（しゅん）のものを選ぶといいだょう。その方が新鮮だから。

④ 还是你去跟他交涉吧，你熟悉情况一些。

やはり君が交渉に行った方がよいだろう。状況などよく知っているから。

注意

口语中经常用「やっぱり」。

① やっぱり自分たちで作って食べよう。食材も安心できるから。

还是自己做来吃吧，食材也放心些。

71 【还是……好……】

やはり…の方がよい

解释

表示经过比较和考虑，做出选择。

例句

① 你不要着急结婚，我看还是工作两年再考虑为好。

結婚なんかは急がなくてもよい。やはり2年ぐらいちゃんと仕事についてから考えたほうがよい。

② 这间房子许久没有人住了，搬进去之前还是认真打扫一下为好。

この部屋はもうずいぶん誰も住んでいないから、引っ越す前にきちんと掃除しておいた方がよいと思う。

③ 要我说，咱们还是早做打算的好。

わたしに言わせてみれば、やはり早いうちに計画を立てた方がよい。

注意

「やはり…の方がよかった」表示说话者对于过去发生的事情感到遗憾或者后悔。

① やはり自分でじっくりと考えて自分で決めた方がよかった。

还是该自己认真考虑、自己做出决定就好了。

② ネットで有名になるといろいろと意外な仕事が入ってくるから、やはり無名のままの方がよかったと今更わかった。

网上小有名气之后，很多意想不到的工作都来了。现在知道了，还是默默无闻的好啊。

72 【好像……】

まるで…のようだ

解释

表示不十分确定的判断或感觉，与“仿佛……”类似。

例句

1. 最近他精神不好，好像有什么心事。
   最近あまり元気がなさそうだが、まるで何か心配事でもあるようだ。
2. 现在出个门跟做贼似的。
   今出かけることさえも、まるですりにでもなったかのようだ。
3. 电影里的这个画面，以前在哪里见过似的。
   映画のこのシーンはまるで前にどこかで見たことがあるようだ。

注意

与第53条【仿佛……】相比较。

73 【和……一样……】

…と同じ
…と同じようだ

解释

表示句中比较的两项近似，在句中可以作定语、状语和补语。

例句

1. 动物和人一样，会做梦，会思考，是有感情的。
   動物は人間と同じ、夢をみたり、考えたりする感情的なものだ。
2. 跟他一样优秀的学生，在我们身边还是很多的。
   彼たちと同じ優秀な学生は実は身の回りに多くいるのだ。
3. 姐姐跟妹妹们一样，并非出生在东京的医院里。
   お姉さんは妹さんたちと同じ、東京の病院で生まれたのではない。

注意

与第62条【跟……一样……】相比较。

74 【和……有关(无关)】

…と関係がある(ない)
…と関わりがある(ない)

解释

表示"有(没)关系"。

例句

❶ 他做的事情他自己负责,和我们无关。
彼がやったことは彼自分で責任をとるので、われわれとは関係がない。

❷ 文件虽然冗长,但和我们每个人的工资相关,希望大家仔细看看。
くどくて長い文書だが、私たちの給料と深く関わっているので、じっくり読んでおいて欲しいです。

❸ 今天公布的条例都和我们生活息息相关。
今日発表されたのはわれわれの生活と密接に関わっている条例だ。

75 【忽……忽……】

…たり…たりする
…時には…時には…

解释

表示"忽而"的意思,多作书面语。

例句

❶ 海鸥在蓝天上忽高忽低,自由盘旋。
かもめが青空を自由に飛んでいて、時には高く時には低く回っている。

❷ 远处的灯光忽明忽暗,但给人一丝温暖。
時には明るく時には暗く明滅する遠くの明かりは温かみを感じさせられる。

❸ 初春三月的天气,忽雨忽晴的。
初春の三月は雨が降ったり、晴れたりする落ち着かない天気が続く。

❹ 一群鸽子围着房顶飞来飞去,忽东忽西、忽聚忽散。
鳩の群れが時には東へ時には西へ、集まったかと思うとまたすぐに散り散りになって屋上の方をぐるぐると飛び回っている。

注意

也用“忽而……忽而……”。「…たり…たり」表示某状态交替出现或者某行为反复进行。「時には」是「偶に」的书面语，强调与平时习惯或者经验不同。

❶ ラジオニュースは電波によって音が大きかったり、雑音が入ったりして、聞き取りにくい。

广播新闻由于信号问题，忽而声音很大，忽而混入杂音，听不大清楚。

❷ もう結婚して20年もあるのに、目の前のこの人は時にはよく理解し合っているように、時にはまったく見知らぬように思われる。

结婚二十年了，面前这个人忽而觉得熟悉，忽而觉得陌生。

76 【化……为……】

…を…にする

…から…にする

解释

表示变化、使发生变化。

例句

❶ 经过抢救，病人已经转危为安了。

応急手当を受けた患者は危険な状態から回復に向かいつつある。

❷ 化整为零是攻破困难的好方法。

まとまったものをバラバラにし、少しずつ克服していくのは困難を解決する有効な方法だ。

❸ 应该变对抗为合作，化干戈为玉帛。

対抗を協力にし、戦争をやめて親善関係を結ぶべきだ。

❹ 大力发展乡村旅游是化劣势为优势，化被动为主动的发展道路。

地域観光に拍車をかけるのは劣勢を優勢に変え、受動的状態を能動的な状態に変える政策だ。

77 【或……或……】

…あるいは…

解释

表示并列或选择，也作“或者”。

例句

❶ 小孩的教育问题还是得靠父母，出了问题或批评或引导，但绝对不能放任不管。

子供の教育はやはり親に頼るのだ。何か問題があった場合、或いは叱ったり、或いは指導したりするべきで、決して放っておいてはいけない。

❷ 司马迁说过，“人固有一死，或重于泰山，或轻于鸿毛”。

司馬遷曰（いわ）く「人もとより一死あれど、あるいは泰山より重く、或いは鴻毛より軽し」。

注意

与选择相关的副词「或いは」「または」「それとも」的区别参照第 45 条【到底是……还是……】。

J

78 【及至……才……】

…て初めて

解释

表示等到某个时间或出现某种情况。口语表达为"等到"。

例句

❶ 及至上了岸，才知道是个荒岛。

島に到着して初めて無人島だと知った。

❷ 及至打了铃，他才慢悠悠地从教室外面进来。

ベルが鳴って初めて、彼はゆっくりと教室に入ってきた。

❸ 及至邮件都发出去了，他才想起没有落款。

メールを送信して初めて、署名していなかったことに気がついた。

注意

也用「…てみて初めて」的形式。

❶ 言われてみて初めて、自分が悪かったことに気がついた。

被人这么一说，才意识到是自己的不对。

79 【即使……还(还是、仍然)……】

…であっても、やはり

解释

表示假设让步。

例句

❶ 即使惹得大家不开心，我还是要说出我的想法。

みんなに嫌がられても、やはり自分なりの意見を言う。

❷ 即使父母都反对，我还是要坚持选择学日语。
親に反対されても、やはり日本語を選ぶのだ。

❸ 我这辆自行车很方便的，即使有了小汽车，出门买菜什么的我还是喜欢骑车。
この自転車が便利だよ。車を持ったとしても、スーパーなんかに行く場合やはり自転車のほうを愛用する。

❹ 即使到了退休的年纪，还是得学习新知识才不会落后于时代啊。
定年退職の頃になっても、やはり新しい知識をみにつけないと、時代遅れになってしまう。

注意

有时候也用“即使……仍然……”。

❶ チケットは高くても、やはり体験してみたい。
即使门票很贵，我仍然想去体验一次。

❷ 流行病が下火になっていても、みんなの安全のため、やはり思うままに出かけられない。
即使流行病势头已减弱，但为了大家的安全，仍然不能随心所欲到处走动。

80 【即使……也……】

…たとえ…ても
…たところで
…といえども
…であれ

解释

表示假设的让步。所表示的条件可以是尚未实现的事情，也可以是与既成事实相反的事情。

例句

❶ 即使数学老师来，这道题也不可能轻而易举解答出来。
たとえ数学の先生がやっても、この問題は簡単に解けないだろう。

❷ 即使给我高薪，我也不愿意做那份工作。
たとえ高い給料をもらっても、そんな仕事をやりたくない。

③ 即使买了堆积如山的书籍，不读也无济于事的。

たとえどんなに沢山本を買っても、読まなければ何にもならないと思う。

④ 即使你如此的悲伤，斯人已逝，不再归来。

そんなに悲しんだところで、死んだ人が帰ってくるわけではない。

⑤ 即使我借钱给你，毫无例外的你肯定会拿去乱花，而不是购置必需品。

君に金を貸したところで、必要なものを買わずに無駄遣いをするに決まっている。

⑥ 即使大权在握，也不能凭一己之意改变国之法律。

いかなる権力者といえども、一国の法律を自分の意志で変えることは出来ない。

⑦ 在英国，即使是女王陛下，也必须缴纳税金。

英国ではたとえ女王であれ、税金を払わなければならない。

注意

「たとえ…ても」表示对现在、过去的假定条件以及对未来的设想等逆态条件。后项与前项无关，不受前项条件的影响。不管前项怎样，后项也肯定、绝对会发生，即后项对前项条件下的结果予以否定或限制。「…たところで」表示即使前项成立，后项的结果也与预期相反，即前项是无用的、不起作用的，用于表达说话人的判断，与「ない」「無駄だ」「無意味だ」一起用时表示否定的评价，意思是即使做了前面的行为也得不到期待的结果；与「大丈夫だ」「問題がない」「心配がない」一起用时表示肯定的评价，意思是即使前面的状态成立，后面的情况也不受影响。「…といえども」假设一种最高程度的、极端的例子来说明其情况也没区别，用于表示“即使是那种情况”的场合；多用于消极，常与「どんな」「いかなる」一起用，主要用在郑重的口语和小说。「…であれ」意思与「でも」相同，表示举例、毫无例外，后项多为说话人的主观判断、推量等意义的句子；语气生硬、严肃，用于会议、演说等场合。

① 医者といえども、現代の医学ではまだ治せない病気がたくさんある。

即使是医生，仍然有很多病无法用现代医学来医治。

② たとえどんなに貧しくても彼となら幸せな家庭が築けると思う。

即使贫困，只要是和他结婚，都能筑起幸福的家庭吧。

③ 到着が少しぐらい遅れたところで、問題はない。

即使稍微有些晚点，问题也不大。

④ 弘法大師といえども字を間違えることがあるのだから、少々の失敗にくよくよすることはない。

即使弘法大师也有笔误的时候，也不要为了丁点失败而忧心忡忡。

81 【即使……又……】

…たとえ、…ても…

解释

与"即使……可是……"类似，后句常常是反问句，引出结果和结论。

例句

① 这种衣服即使便宜，质量不好，又能穿几天呢？

こんな服はたとえ安くても、質が悪いからどのぐらい着られるだろうか。

② 即使疫苗研究出来了，可供不应求，又有什么用呢？

たとえワクチンの研究が成功だとしても需用に追いつかなかったら何の役にもならない。

82 【既……就……】

…である以上…

…であるなら…

解释

既然。表示先对现实或者已有的结论予以承认，而后进一步做出判断。

例句

① 既是店员，就应熟悉自己的产品。

店員である以上、自分の製品についてよく知っているはずだ。

② 他既认了错，就绕他这次吧。

もう謝った以上、今回だけは許してやろう。

③ 你既知道这么多，就来分析分析原因吧。

これぐらい知っているならば、その原因をよく分析してみよう。

④ 你既然一定要去，我也不便阻拦。

どうしても行くというなら、もう止めない。

注意

「…以上(は)」表示说话人以前面的既成事实为前提,后项多为与前项相应的决心、义务、奉劝等,可以接现在式也可以接过去式。有时还可以表示假设条件。

❶ 向こうの同意がない以上、無断で掲載することはない。

向こうの同意がないならば、無断で掲載することはない。

既然没有对方的许可,我们是不会擅自刊登的。

83 【既……且(又、也)……】

…且つ…

解释

"既"与"且""又""也"等副词呼应,表示两种情况兼而有之。多作书面语。

例句

❶ 隔壁家的小孩既聪明又用功。

隣のお子さんは頭がよく、且つよく頑張っている。

❷ 新建的教学楼既高且大,能容纳上千的学生。

新しくできた教学棟は高く、且つ大きいので、千を越える学生が入れる。

❸ 他做事情总是既稳且快。

彼は何をしても立派に且つ早くやり遂げるのだ。

注意

「且つ」表示人或事物同时呈现出两种状态。

❶ 久しぶりの飲み会で私たちは且つ騒ぎ且つ飲み、時間のたつのを忘れてしまった。

久别重逢的聚会上,我们开怀畅饮,甚至忘记了时间。

❷ 勝訴というお知らせを聞いて且つ驚き且つ喜び、涙を流した仲間もいた。

听到胜诉的消息我们既惊且喜,有同伴甚至喜极而泣。

❸ 予習は学生たちにとっては必要且つ十分だ。

预习对于学生而言既是必要也是十分重要的。

84 【既……也……】

…も…も

…も…ば…も…

解释

“既”跟“且”“又”“也”等副词呼应，表示两种情况兼而有之。

例句

❶ 这个牌子的衣服，既不实惠，也不结实，穿着还不舒服。

このブランドの服は経済的でもなければ、丈夫でもない、第一肌触りもよくない。

❷ 这次相亲的对象既不高也不矮，相貌平平，也不出众。

今回お見合いの相手は高くもなければ低くもなく、普通の顔立ちをしていて、あまり目立たないのだ。

❸ 大桥建成之后，既方便了交通，也将成为城市的一座新地标。

大橋が完成すれば交通の便もよくなれば、街の新しいシンボルにもなる。

注意

「も…ば…も」既可以是类似的事情并列，也可以把对照性的情况加以并列。

❶ 彼は肝臓もよくないのに、お酒も飲めば煙草も吸う。

他明明肝脏不好，却即喝酒又抽烟。

❷ 猫が好きな人もいれば、嫌いな人もいるだろう。「十人十色」って言うものだね。

既有人喜欢猫，也有人不爱猫。正所谓“萝卜白菜各有所爱”。

85 【既然……何必……】

…から（なら）、必要があるだろう…

解释

用反问的语气表示不必。

例句

❶ 既然已经入党了，工作上又何必挑三拣四呢？

もう共産党員になったのだから、仕事上あれこれと選り好みをしてはいけないだろう。

❷ 既然本人都无所谓，你又何必着急？

ご本人もどうでもいいのなら、君が焦ることはないだろう。

❸ 既然都是自己人，又何必斤斤计较呢？

仲間同士だから、損得の計算をする必要はあるのか。

注意

「することはない」用于鼓励或者劝解别人不必做某事。

❶ その結果はもうみんなに知られている以上、気にかけることはないだろう。

既然大家都知道结果了，你又何必迈不过去这道坎呢？

❷ 雨が降らないのなら、傘を持っていくこともないだろう。

既然不下雨，又何必带伞呢？

86 【既然……那么……】

…である以上…

…であるからには…

解释

表示顺着上文的语意，申说应有的结果或做出判断。上文可以是对方的话，也可以是自己提出的问题或者假设。

例句

❶ 既然是学生，那么刻苦努力就是理所应当的。

学生である以上、勉学に励むのは当然だ。

❷ 既然会议上都已决定，那么个人即使反对，也得服从安排。

会議で決定された以上、個人的には反対でも決定に従うべきだ。

❸ 既然下定决心要学医，那么我会吃苦耐劳，尽我所能。

医者になろうと決心した以上、どんな苦労にも耐えて頑張るつもりだ。

❹ 事已至此（既然到了这个地步），那么除了我引咎辞职，别无他法了。

こういうことになってしまった以上、私が責任を取って辞めるしか、解決策はないだろう。

❺ 既然要去考，我就想要通过。
受験するからには、ぜひ合格したい。

注意

「…以上(は)」表示说话人以前面的既成事实为前提，后项多为与前项相应的决心、义务、奉劝等，可以接现在式也可以接过去式。另外，有时还可以表示假设条件。这一用法是它与「…た上は」「…から(に)は」的最根本的不同之处。「…た上は」只接动词过去式，作为书面语用，表示因为前项的存在而必须采取与之相适应的行动。语感比较生硬，在日常会话中较少见。「…から(に)は」用法基本与「…以上(は)」相同，但是它主要用于说话人将前面的状况作为判断的前提，做出自己的推断或者阐述自己的看法，前面多为表示自动或状态的动词，即说话人做出在前项这一既定事实上，发生后项的动作也是理所当然的判断。多与「…だろう」「…と思う」「…はずだ」「に違いない」一起来强调说话人的判断。

❶ アメリカ人を雇う以上は、アメリカの習慣に従うのが原則、そこへ日本の習慣を持ち込んではいけない。
既然雇用了美国人，那么就应该遵守美国的习惯，不要把日本的做法带进来。
❷ 日本に来た以上、一日も早く日本の習慣に慣れるつもりだ。
既然来了日本，就想尽早适应日本的习惯。
❸ 複数の人間が共同生活を営むうえはそこには秩序が必要である。
既然是多人共同营生，那么就有必要遵守其中的秩序。
❹ 学生服を着ているからには、やはり学生なのだろう。
既然穿着学生制服，那还是个学生吧。
❺ 旅に行くからには、何でも見ないと損だと思う。
既然要去旅行，那么什么都不参观也不划算吧。

87 【既然……怎么(为什么)……】

…のに、なぜ…

解释

因果关系的复句，表示前句提到的事实或者前提之下，后句以询问或者反问的形式推导出结果或者结论。

例句

❶ 你既然下定了决心，还来询问什么建议呢？

决心をつけているのに、なぜこちらの意見を聞きに来るのか。

❷ 你既然不是现场目击者，又怎么知道真相呢？

現場を目撃もしていなかったのに、どうして真相がわかっているというのか。

❸ 你既然富有，为何不买下这个公司？

お金持ちだというのに、どうしてこの会社をかいとらないのか。

❹ 他既有真才实学，为何总不见伯乐？

実力あるのに、なぜいつまでも伯楽が来ないのか。

88 【假如……的话……】

もし…とすると（とすれば、としたら）

…ものなら

…（よ）うものなら

…とあれば

解释

表示假设，常用于书面语。

例句

❶ 假如有了一亿日元的话，你想拿来做什么呢？

もし一億円あったとすると、あなたは何に使いたいのか。

❷ 假如第三次世界大战开战的话，事态将会十分糟糕。

もし第三次世界大戦が起こるとすると、大変なことになる。

❸ 假如可以的话，我想周游世界。

できるものなら、世界中を旅行してみたい。

❹ 假如愿望可以实现的话，这座美术馆里的画我全想要。

もし願いがかなうものなら、この美術館にある絵が全部ほしい。

❺ 假如想要作弊的话，会被强制退学的。

テストでカンニングをしようものなら、退学させられる。

❻ 假如可以使战争停止的话，我想让其休战。

戦争をやめさせられるものなら、やめさせたい。

❼ 强盗是带枪的呢。假如想要报警的话，恐怕已经遇害了。

强盗は銃を持っていたんだよ。警察に通報しようものなら殺されていたよ。

❽ 假如是为了小孩的教育，多多少少花费一些也无可奈何。

子供の教育のためとあっては、多少の出費も仕方がない。

注意

「…とすると(とすれば、としたら)」不是假定条件，意思是虽然不知道前面的内容是否是事实或者是否实现，但假设是事实，假设能实现的话，后项是说话人在此情况下的判断、打算、疑问。句中常有「仮に」「もし」等表示假定的副词。三种形式意思基本一样。「…としたら」多用于口语，「…とすれば」多用于对前面内容有疑问的场合。「…ものなら」主要接在可能动词的连体形后，用于强调提示前面动作难以实现的基础上，仍然希望、期待它得以实现，表达说话人的一种愿望，这时多与「…たい」等搭配使用。另外，如果是同一动词反复使用，则暗示说话人可能实际上不会实现这么一种预测。因此，根据情形有时会有反驳、讽刺的语气。「…(よ)うものなら」是一种稍有些夸张的叙述形式，表示如果万一发生了前项的事情，就容易出现后项那种消极的、不愿看到的情况或重大事态，带有说话人的担心、不安、恐惧。后项常以被动态、被役态结句。「…とあれば(とあっては)」作为较郑重的说法表示假定，用于特殊状况的场合，后项内容为在此状况下应该采取的行为或理应发生的事情。后项不能是表示请求、劝诱等内容的句子。「…とあっては」语气消极，句尾常出现「…しないわけにはいかない」「…するほかない」「…しかない」等形式。

❶ 買う気はないが、買うとすると、最高のものを買いたい。

不打算买的，假如要买，我就想买最好的。

❷ 佐藤さんはこの仕事に人生をかけている。もし失敗しようものなら、彼は二度と立ち直れないだろう。

佐藤把他这辈子都押在这份工作上了。假如失败的话，他恐怕很难东山再起。

❸ 先生からいただいた記念品だから、直せるものなら直したい。

这是老师送我的纪念品，假如修得好的话，我想修一修。

❹ 死ぬとすると、10 歳年上の私のほうが早いはずだ。

假如死去，也该是年长 10 岁的我在前面吧。

❺ 社長の命令とあれば、聞かないわけにはいかない。

假如是社长的命令的话，就不得不听。

⑥ 仮に20人来るとすると、この部屋ではちょっと狭すぎるだろう。

假如来20个人的话，这间屋子恐怕小了点吧。

⑦ 班長さんの頼みとあっては断れない。

假如是班长的请求，我没办法拒绝的。

89 【假如……那么(那)……】

もし…なら

解释

表示假设。

例句

① 假如你说的都是真的，那么我们的困难便能迎刃而解了。

もしあなたが言うことが本当ならば、私たちの困難もすらすらと解決されるだろう。

② 假如老师布置太多的作业，那我的休息就又泡汤了。

もし先生が出した宿題が多すぎるならば、休みがまたおじゃんになるだろう。

③ 假如你没时间见我，那我就给你录个视频吧。

もし会ってくれる暇がなかったら、ビデオをとって送りましょう。

④ 假如你收到的邮件是乱码，那么我就换一个邮箱试试。

もし届いたメールが文字化けになっているとしたら、別のメールボックスで送り直す。

90 【假如……就(便)……】

もし…なら

解释

表示假设，多用于书面语。

例句

① 假如你11月来的话，便可以看到红叶。

もし11月に来れば、紅葉狩りでもできるよ。

❷ 假如生的是个男孩，便可以跟他一起踢球。假如生的是个女孩，可以跟她一起逛街。

もし生まれてくるのは男だったら、一緒にサッカーボールをしてもよい。もし生まれてくるのは女の子だったら、いっしょにショピングしてもよい。

91 【叫(让、被)……给……】

被动：…に…させる

使役：ようにと言う

解释

用于日语被动句，句子主语多是受害者，带有不快、不满的情绪。

例句

❶ 这小孩太不讲规矩，叫我给收拾了。

この子はあまりにも不作法なので、ひどく叱られた。

❷ 作业没按时交，叫老师给批评了。

宿題は時間通りに出さなかったので、先生にしかられた。

❸ 刚买的相机，被小弟给摔坏了。

買ったばかりのカメラは弟に壊されてしまいました。

❹ 周末偷偷买的方便面让宿管阿姨给没收了。

週末にこっそりと買ってきたインスタントラーメンは寮母に取り上げられてしまった。

❺ 爸爸叫弟弟把东西给哥哥送过去。

弟は荷物をお兄さんのところに持っていくようにとお父さんに言つれた。

お父さんは荷物をお兄さんのところに持って行くようにと弟に言いつけた。

❻ 老师叫同学把今天发的书带给我。

先生は今日配った本を私に渡すようにとクラスメートに言った。

❼ 老妈叫认识的阿姨给我介绍女朋友。

おふくろは彼女を紹介してくれるようにと知り合いのおばさんに頼んでいる。

注意

「てもらう」的句型也用于表达使役的意思，较之使役态更常用。

❶ おふくろは知り合いのおばさんに彼女を紹介してもらった。

老妈叫认识的阿姨给我介绍了女朋友。

❷ ホストファミリーに初詣に連れて行ってもらった。

我叫寄宿的那家新年带我去了参拜了神社。

❸ 教科書を寝室に忘れてきたので、隣の人にみせてもらった。

教科书忘在了寝室，我叫旁边的同学拿给我一起看了。

92 【尽管……但是(可是、然而)……】

…が…

解释

“尽管”表示姑且承认某种事实，下文常有“但是”“然而”“还是”等表示转折的连词相呼应。

例句

❶ 尽管还是个学生，但已炒股挣钱了。

まだ学生であるが、もう株で儲けている。

❷ 尽管出了大太阳，但早春时节还是寒冷。

快晴になったが、早春ごろはやはり肌寒い。

❸ 尽管一开始有些吃力，但很快找到了方法，成绩就提上去了。

初めのごろは苦労していたが、すぐいい方法を見つけたため、成績も上がったのだ。

❹ 尽管地处偏远山区，但物流和交通畅通，生活起来与大城市没有差别。

辺鄙な山間部だが、物流も交通も通じるおかげで、大都会と変わらない生活だ。

注意

「が」表示前后内容相互对立，或后面产生的结果与前面事物预想的结果相反。

❶ 言われた通りに水も肥料もやったが、全然芽生えしなかった。

尽管我按照你说的浇了水也施了肥，但就是不发芽。

❷ みんないろいろがんばったが、予想した結果にはならなかった。

尽管大家都努力了，但是还是没能取得预想的胜利。

93 【尽管……还是……】

…けど、それでも…

解释

“尽管”表示让步，“还是”强调后句的结论和结果不会根据前句的事实或理由发生改变。

例句

❶ 尽管费了很大的劲，但还是打不开罐头盖子。

力一杯開けてみたけど、それでも缶の蓋が開かなかった。

❷ 尽管他参加工作十几年了，但是还没能融入集体。

仕事についてもう十数年もあるけど、それでも仲間入り出来なかった。

❸ 尽管那天雷雨交加，但他还是照常出门上夜班了。

あの日雷も鳴ったし、雨も酷かったけど、それでもいつも通りに夜勤に出かけた。

注意

「それでも」表示“即使有前面说过的情况，但是……”，常与「まだ」「なお」等搭配使用。

❶ 子供のとき、プールで溺れそうになったことがあるが、それでも水泳がすきだ。

小时候差点在游泳池里溺水，但尽管如此，我还是喜欢游泳。

❷ 卒業パーティーがもう終わったが、それでも未練がましく会場に残っている学生がたくさんいる。

毕业晚会已经结束了，但尽管如此，还有很多学生依依不舍留在会场。

94 【尽管……仍然……】

…にもかかわらず…

…からといって…

…ものの…

解释

表示认可既成事实或理由，但后项的结论或结果不为前项所改变。

例句

❶ 尽管天气不好，但仍然成功地登顶了。

悪条件にもかかわらず、無事登頂に成功した。

❷ 尽管周围很安静，但因为换了地方，我仍然睡不着(不动)。

周りが静かだにも関わらず、いつもと違う場所なので、ちっとも眠れない。

❸ 听说人类尽管进化成较大体格，但机能仍然不见得有多发达。

人間は大型になったからといって、機能がよくなるとは限らないらしい。

❹ 尽管迎来了20岁的成人仪式，但仍然不能为所欲为。

二十歳の成人式を迎えて大人になったからといって、何をやってもいいというわけではない。

❺ 尽管我来挑选圣诞的东西，但价格太贵，我仍两手空空地回去了。

クリスマスの買い物に来たものの、あまり高いものばかりなので、買わずに帰ってきてしまった。

❻ 尽管在绿树成荫的郊外买了房子，但休息的时候仍然爱躺着。

自然の多い郊外に家を買ったものの、休みの日は寝てばかりだ。

注意

「…からといって」用于否定前项所叙的所谓的理由，表示不管前句理由多么充分都难以发生或接受后面的行为或状态，经常与「…わけではない」「とは限らない」一起用。口语中用「からって」的形式。「…ものの」多用于消极的方面，表示前项是事实，后项多为从前项很难预测到的情况，或就某种情况是否顺利进行没有信心或者实施起来很困难。「…にもかかわらず」多用于非常识性、非正当性的行为，表示一种客观判断，也可以用「それにもかかわらず」的形式。

❶ 全力を尽くしたにもかかわらず、成功できなかったという気持ちはまったくわかる。

尽管尽了全力，仍然没能成功的心情我们可以理解。

❷ 先生まで調停に出てきたにもかかわらず、双方の親はやはりしつこく絡んでいた。

尽管老师出面调和了，但双方家长仍然不依不饶。

❸ よそで止まってはいけないと規則で定められているにもかかわらず、彼は知らんぷりをしている。

尽管明文规定不能夜不归宿，但他仍然装作不知道。

❹ 招待状は出したものの、まだほかの準備はまったく出来ていない。

尽管邀请函发出去了，但仍然没有做好准备。

❺ 本日は雨にもかかわらず大勢の方々がお集まりくださって、本当にありがとうございました。

今天尽管倾盆大雨，但仍然能邀请到各位莅临现场，我们表示衷心的感谢。

❻ お見合いはしたものの、彼とは結婚する気にならなかった。

尽管去相亲了，但他仍然没有丝毫想结婚的意思。

❼ 危険な場所だと十分注意されていた。それにもかかわらず、軽装で出掛けて遭難する羽目になった。

已经提醒他那是一个极其危险的场所。尽管如此，他还是便装出发，最后不幸遇难。

95 【就……而言(而论)……】

…について言えば…

…から言えば…

解释

表示对对象或话题的范围进行论述、分析或说明。

例句

❶ 就他可以继承的财产而言，少说也有500万。

彼が受け継げる財産についていえば、少なく見積もっても500万元超えると思う。

❷ 就我们现在的实际情况而论，国内的形势比周边国家要安全，但绝对不能放松警惕。

今の実情から言えば、周りの国々より国内のほうが安全だろうが、決して油断してはいけない。

❸ 就你的经验和水平而论，你绝对不比其他学校(的学生)逊色。

あなたの経験とレベルについていえば、ほかの大学よりちっとも劣らない。

④ 就选手汤姆的实力而言，夺取这场胜利是毫无悬念的。

トム選手の実力からいえば、今度の試合で勝ち取ることはまったく疑う余地がない。

注意

「…からいえば(いうと)」「いったら)」不直接接在表示人物的名词后面，表示站在某一立场进行判断。

① 仕事への意欲から言えば、田中さんより上だが、能力から言えば、やはり田中さんのほうが優れていると思う。

就对工作的积极性而言，他要优于田中，但从能力来看，还是要田中更胜一筹。

② 年齢から言うと、確かに博士課程を始めるには年を取りすぎていると思う。

就年龄而论，开始读博，年纪的确稍大了些。

96 【就……讲(说)……】

…からすると…

…にとって

…思うに…

解释

表示进行评价、判断时的范围和基准，「思うに」为副词。

例句

① 就我们这些四川人来看，贵州、广西的食物真的很辣。

私たち四川人からすると、貴州省や広西チワン族自治区の食べ物は本当に辛い。

② 要全面分析这种问题，就一个初中生来讲，太难了吧。

こんな問題を全面的に分析するのは中学生にとって難しすぎるだろう。

③ 你们天天讨论的包，就我个人来看，只有大小之分，款式没多大区别。

いつも話し合っているカバンは、私が思うに、サイズが異なるだけで、デザインはそんなに変わらないようだ。

注意

「…にとって」后一般接续“可能、不可能”“难、易”等表示判断或评价的句子。「…からすると(すれば、したら)」表示判断,也可以说「からして」「からみて」「からいって」等。「思うに」强调是个人的感想。

❶ 彼の言い方からすると、もう彼に嫌われているようだ。
就他那种说法来看,我可能已经被他嫌弃了。

❷ あの人の性格からすると、言われるままに行動するのでは納得できないだろう。
就他的性格来看,要按吩咐来行动估计他不服的。

❸ 病床生活を続ける私にとって、家族や友人の励ましは何よりありがたいものだ。
就卧病在床在我来讲,家人和朋友的鼓励是最难能可贵的。

❹ 出稼ぎの人にとって、春節の休みが年に一度しかない団らんする楽しい日々だ。
就外出务工的人员而言,春节假期是一年一度与家人团圆最快乐的时光了。

❺ 私が思うに、彼は本当のことを言っていない。
就我看来,他没有讲实话。

❻ 私が思うに、日本語は確かに英語より覚えやすい。
就我而言,日语的确比英语容易上手。

97 【就……来看……】

…から見れば(見ると)…

解释

表示就某种情况进行观察、分析得出结论并加以说明。“来看”可以用作“看来”。

例句

❶ 就你们的发言内容来看,的确是做了充分准备的。
発言の内容から見れば、確かに十分に用意してきたとわかります。

❷ 就当前各国采取的严厉措施来看,病毒的确成了全人类的公敌。
各国が取った厳しい措置から見れば、ウィルスはもう全人類共通の敵

になっている。

③ 仅从他这篇文章来看，字迹工整，措辞得当，应该是个态度认真的学生。
きれいに書かれていて、言葉遣いも丁寧なこの文章から見れば、彼はまじめな学生だろう。

④ 虽然输掉了比赛，但从比赛现场来看，我们球队的训练方法并没有不妥。
試合に負けたが、その現場から見れば、わがチームの訓練法が間違ってもいないと思う。

注意

「…から見ると」接在表示人名的名词或一般名词后，表示作为某人的判断标准，可得出这样或那样的结论、看法、意见；主要强调根据眼前的情况进行判断。可以用于说话人自己。

① 工事の進み方から見ると、このビルの完成は来年以降になるだろう。
从工程的进展情况来看，这栋楼房要完工得等到明年以后了。

② 残された足跡の大きさから見ると、泥棒は175センチから180センチの男だったに違いない。
从留下的足迹大小来看，盗贼应该是一个(身高)175 厘米至 180 厘米的男性。

98 【就是……也……】

…ても…
…さえ…
…まで…

解释

表示让步关系，与“即使……也……”相近，多用于口语。

例句

① 他脾气很倔，就是父母、妻子劝，也听不进去。
頑固な彼はたとえ両親や妻の話でも耳を貸そうとしない。

② 就是没有说明书，他也能按照他的想法用积木搭建出来城堡。
説明書がなくても自ら考えて積み木で立派なお城を作り上げられる。

③ 就是今天晚上不睡觉，我也要写完 5 000 字，完成目标。
今夜徹夜をするとしても、目標の5 000字を書かなければならない。

❹ 大雾天气，就是在平坦大路上行走也容易迷失方向。
深い霧がある日、平らな道でも迷ってしまうこともある。

❺ 问题很有难度，就是老师也不是一下子能回答上来。
先生さえ答えられない難しい問題だった。

❻ 那时候一贫如洗，不要说是学费了，就是房租也负担不起啊。
あの頃授業料どころか、家賃さえ払えないほど貧しかった。

❼ 连春节也去酒店吃饭的人逐年增多。
年々お正月までレストテンでおせち料理を食べる人は増えている。

❽ 听说老头遇到了诈骗，就是祖上留下来的地皮也都被骗走了。
おじいさんは詐欺に遭い、祖先から受けづいてきた土地まで取られてしまったそうだ。

注意

「でも」列举的事物可以是最好的，也可以是最差的，可表示积极的方面，也可表示消极的方面。后项为一般情况下难以想象的状况。「さえ」表示最起码的、最简单的、与常情不吻合的事物如此，其他就不言而喻，含有意外、吃惊、不满的语气。常与消极、否定一起用的情况多。作主语时一般用「でさえ」的形式，作补语时要与补格助词重叠使用。「まで」一般用程度最高的、人们最重视的事物为例，以此来类推程度低的、一般性事物更是如此，有递进程度、追加事物的语气，还带有说话人的吃惊、意外。主要用于说话人的主张、判断、评价等场合。

❶ 猫は暗いところでも目が見える。
小猫就是在黑暗中也能看得清清楚楚。

❷ この責任は私は言うに及ばず、局長、ないし市長でさえ負えるものではない。
这个责任不要说是我，就是局长，哪怕是市长也担不起。

❸ このスマートフォンのタッチパネルの操作感がイマイチで、使いにくい。年配の方はもちろん、若者である私でもインターフェースの作りがよくないと思う。
这部手机的触摸屏的触控感不好。不要说是老年人了，就是我这种年轻人，都觉得界面不友好。

❹ リーマンショックの影響でかつて社長であった彼までホームレスに落ち込んだって。
听说受雷曼事件的影响，就是曾经身为董事长的人也落得无家可归的结果。

99 【据……说(看)……】

…によれば(によると)…そうだ

…から見ると

解释

“据”是“按照”“依据”之意。这表示结论或者看法的句型。

例句

❶ 据从国外回来的人讲,现在国内的牌子在国外很吃香的。

外国から戻ってきた人の話によれば、今中国のブランドは海外でも人気があるそうだ。

❷ 据医生说,他这次之所以病得严重,是因为送医院送晚了。

先生の話によれば、今回病気が重くなるのは、病院に運ばれるのが手遅れになったからということだ。

❸ 据我看,这种一而再、再而三出错的人,早就该开除了。

私から見ると、同じミスを繰り返し犯した人なんか、とっくに首になるべきだ。

注意

“据……说(看)”也可说成“据……说来(看来)”。

❶ 今の状況から見ると、小論が発表される見込みはあまりないようだ。

从如今的情况来看,我的论文能发表的希望不大。

K

100 【看来……还……】

見たところ、やはり…

解释

“看来”表示根据经验或已知情况做出大概的推断。

例句

❶ 看来你们还是没听懂老师的意思。

見たところ、君たちは先生の言うことがやはりわかっていないようだ。

❷ 看他鲁莽的态度，看来心里还有许多不满。

ぶっきらぼうな態度から見たところ、どうも心の中にやはり不満がいっぱいあるようだ。

❸ 看他昨天打电话来的语气，他还是不想让步。

昨夜電話での口ぶり方から見たところ、彼はやはり譲る気はないようだ。

101 【慷……之慨】

…気前（きまえ）よく…

解释

与“慷慨”不同，此处含有贬义，与「他人の褌（ふんどし）で相撲をとる」近似。

例句

❶ 他总会慷他人之慨，把别人的东西拿去做人情。

あいつはよく他人の懐で自分の気前の良さを見せ、他人の物で人に恩を売っている。

❷ 慷公家之慨，把公家的东西送给私人用，是坚决不允许的。

公物を気前よく使って個人に贈ったりすることは絶対に許せないのだ。

102 【况且……还(又、也)……】

まして…も…

そのうえ…

解释

表示更进一层,多用来补充说明理由。

例句

❶ 电影院里人多又闷,况且离开演时间还早,咱们就出去走走吧。

映画館の中は人が多いし、蒸し暑いし。まして上映時間までまだだいぶあるから外で一回りでもしてこよう。

❷ 外面风雨交加,况且你还在发烧,就别出门了吧。

外は風も強いし、雨もひどいし、そのうえ君は熱があるのだから、出かけるのをやめよう。

❸ 这篇小说情节有趣,况且文笔优美,值得一读的。

この小説はストーリーが面白い。そのうえ言葉も美しいから、読む価値がある。

注意

「まして」先讲述一般状况,然后附加上另外的极端条件,强调当然如此;也可以先讲述另外的极端状态,然后提出一般情况下当然如此。「そのうえ」用于就同一事项的状态、情况进行追加。

❶ 僕でさえ無理なのに、まして君ではとても駄目だろう。

我都不行,况且是你。

❷ こんなイベントには興味がない。そのうえ時間もないから、参加しない。

我对这种活动本身就不感兴趣,况且还没时间,我不会去的。

L

103 【连……带……】

…したり…したり…

…と…

解释

「したり」表示两种动作紧接着，差不多同时发生。

「と」表示前后两项包括在一起。

例句

❶ 连拉带扯，终于把他拽到会场来了。

推したり引いたり、やっと会場まで引きずってきた。

❷ 孩子们连蹦带跳从教室里跑了出来。

子供たちは飛んだり、跳ねたりして、教室から走ってきた。

❸ 找外国人问路，连说带比画，终于听明白了。

外国人に道を尋ねると、手真似をしたりして、やっと意味が通じた。

❹ 隔离的这两个月，他家连老的带小的，一共7口人挤在小房子里。

閉じこもりの二か月は、老人と子供を合わせて7人がこんな小さい家で生活をしていた。

❺ 连货款带邮费，我一起转账给你。

荷物代と郵送料を合わせて振りかえる。

❻ 看到对面来了辆车，他一紧张，连人带车摔沟里去了。

向こうから車が走ってくるのを見たら、どきんとして自転車もろとも溝に落ちてしまった。

M

104 【没……就……】

…しないうちに…

解释

表示某动作或者事项刚开始没多久，中途就发生了别的事情。

例句

❶ 文言文什么的，我没念几遍就能背下来了。

文語文なんかは、何回も読まないうちに暗記してしまった。

❷ 他从小体弱多病，没跑几步就开始气喘吁吁的了。

子供のころから病気がちな彼はいくらも走らないうちに、はあはあと息苦しくなってきた。

❸ 这个题目的确很难，我没写几句就写不下去了。

このテーマは確かに難しい。いくつも書かないうちにもう書けなくなってしまった。

105 【没……没……】

…もない

解释

用在两个同义的名词、动词或者形容词前面，强调没有。如：没完没了、没着没落、没皮没脸、没羞没臊。

用在两个反义的形容词前面，多表示应区别而未区别，有不以为然的意思。如：没大没小、没深没浅。

例句

❶ 班主任一说起话来就没完没了。

クラス担任の先生は話し始めるときりがない。

❷ 说话做事都得有分寸，不能没深没浅的。

話をするときも、仕事をするときも、分をわきまえて、事の軽重を知らなければならない。

❸ 工作几年的人了，说起话来还是这样没大没小的。

職場について何年もあるが、まだ話に上下の見境がないんだ。

106 【没有……不……】

…ないものはない

…ないことはない

解释

双重否定的句型，“没有”一般接在名词、数量词后面，“不”接在谓语动词前面。

例句

❶ 这条街上发生的事，没有刘婆婆不知道的。

この町の出来事なら、劉ばあちゃんが知らないことはない。

❷ 提起他的名字，当地没有人不恨他的。

彼についていえば、土地の者は彼を恨んでいないものはない。

❸ 只要自己不放弃，肯吃苦，事情没有办不成的。

投げ出さないで苦労することさえできれば、成功できないことはないだろう。

注意

“没有”“不”连在一起使用，则表示“全部”之意。

「違いない」有时候也表示“一定”“必定”之意。

❶ 自分の子供を可愛がらない親はいない。

家长没有不疼爱自己小孩的。

❷ 両親・親戚・友人・その婿さんを好かないものはいない。

父母、亲戚、朋友，没有不喜欢这位女婿的。

❸ こう放っておけば、大きな事故を引き起こすに違いない。

这么放任不管，没有不出大乱子的。

❹ 君からお願いすれば、承知してくれるに違いない。
你出面去说说，没有不答应的。

107 【每……】

…たびに…
…おきに…
…ごとに…
…につけ…

解释

表示同一动作、行为有规律地反复出现。

例句

❶ 每完成一个项目都要认真总结，撰写一份报告。
プロジェクトを終わるたびに、いつも真剣にまとめ報告書を書くようにしている。

❷ 爸爸每次出差都不忘给我们带回好吃的土特产。
父は出張から帰ってくるたびに、忘れずにおいしいお土産を買ってくれた。

❸ 开往大学的巴士，每10分钟一趟，所以如果赶不上这一趟就得再等10分钟。
大学行きのバスは10分おきに出ているので、このバスに遅れたら、もう10分間を待たざるを得ない。

❹ 每隔3米，种下一棵樱花树。
三メートルおきに、桜の木を植える。

❺ 一千克以内是800日元，往上每一千克增加80日元。
一キロまでは八百円だが、それから一キロごとに八十円ずつ増える。

❻ 每个季节我就换一副窗帘。
季節ごとにカーテンをかえる。

❼ 一想到这些事情，我就自责后悔。
そのことを考えるにつけ、後悔の念にさいなまれる。

❽ 每每看到犯人目中无人的态度，我就愈发生气。
犯人のふてぶてしい態度を見るにつけ、ますます腹が立ってきた。

注意

「体言＋の・動詞連体形＋たびに」表示每当前项事情发生后，总会有相同的事情发生，即行为或状态的反复，主要用于经常性、习惯性、必然性的行为、情况。

「数詞＋おき(に)」主要接在表示时间、距离的词语后，表示每隔这么多时间、空间进行同一动作或者出现同一状态，它是以强调其间隔的时间、距离为重点的，即"等间隔"，因此与"间隔"毫无关系的句子不能使用。不接量词。

「名詞・動詞連体形＋ごとに」接在表示时间、距离的词语后，表示这么多时间、空间内进行同一动作或者出现同一状态或行为，是以状态发生的时间和场所为重点的，即"等距离"。

「体言・用言終止形＋につけ」是一种固定的用法，常常接在「思う」「見る」「考える」等词语后表示事情发生的原因。后项多为回忆、后悔等与感情、思维有关的消极的内容。

❶ 子供というのは会うたびに大きくなるものだ。
小孩就是这样，每见着一次就觉着长大一些。

❷ 彼女は土曜日のたびにデートをしている。
她每到周六就会出去约会。

❸ オリンピック大会は3年おきに行われる。
奥林匹克大会每隔3年举行一次。

❹ オリンピック大会は4年ごとに行われる。
奥林匹克大会每四年举行一次。

❺ この季節はよくひとあめごとに暖かくなる。
这个季节总是下一场雨就暖和一些了。

❻ あの試合を思い出すにつけ、悔しさがこみ上げてくる。
我每想到那场比赛，追悔之情便涌上心头。

N

108 【拿……当作……】

…を…と(に)する

解释

与“把……当作……”同义。

例句

❶ 我们从来没有拿你当外人,什么事情没跟你商量呢?

他人扱いなんかとしていない。どんなことでも君と相談しないことはないだろう。

❷ 多大的人了,还拿玩笑当真?

おいくつのつもり、冗談をまともな話にするなんて。

❸ 医生们拿黑夜当白天,不知疲倦地与病毒做斗争。

お医者さんは夜を昼として、疲れを知らずにウィルスと戦っている。

注意

“拿”的前面可以用“别”“不”“没有”等否定形式。

❶ 子ども扱いとしてはだめだよ。もう十幾つの娘さんだから。

可别拿她当小孩,都十几岁的大姑娘了。

❷ 女性を人間扱いとしないというのは大昔封建社会のことだ。

不拿女性当人看,是早在封建社会时候的事情。

109 【拿……来看(来说)……】

…から見れば

…について言えば

…を例にとれば

解释

“拿”表示引进要说明的事物或情况。

例句

❶ 拿这次中期考试的成绩来看，还是人最少的那个班考得最好。

今度の中間テストの成績から見れば、やはり人数が一番少ないクラスのほうが一番よくできている。

❷ 拿本年度第一季度的销售量来看，的确比去年同期下降了120%。

今年第一四半期の売り上げから見れば、確かに去年同期に比べて120%減ってしまった。

❸ 学习日语并不难，拿四字成语来说吧，其实很多典故都是从中国传过来的。

日本語の勉強はそう難しくはない。四字熟語を例にとれば、中国から伝わってきた典故が多くあるのだ。

❹ 春天到处都是鲜花绽放。就拿校园来说吧，玉兰花、梨花、樱花、桃花先后盛开。

春になると花が咲き乱れる。キャンパスについて言えば白木蓮、梨の花、桜の花、桃の花など相次いで咲きはじめる。

注意

翻译灵活，有时候可以用「にしても」。

❶ 彼にしても当時こんな大騒ぎになるとは全く思ってもみなかった。

拿他来说吧，当时完全没想到事情会闹这么大。

❷ 母にしても初めから結婚のことを知っていたわけではない。

拿妈妈来说吧，也并不是一开始就知道这桩婚事的啊。

110 【哪(个、儿)……哪(个、儿)……】

どれでも…

解释

“哪”可以接同一人、事物、时间或者场所，表示后项随着前项变化而变化。

例句

❶ 你喜欢哪个就拿走哪个。

どれでもお好きなのをお取りなさい。

❷ 数学老师是想到哪儿说哪儿，一开始跟不上的。

数学の先生は思いついたことは何でも言う人で、最初はとても追いつかなかった。

❸ 你上哪儿我就跟到哪儿。

どこへでも行くところへ私も行く。

注意

也可以用「どれがどれか」「だれがだれか」的形式。"哪……哪……"也可以指疑问句。

❶ こんな沢山のケーブルでもどれがどれにつながっているのか親方はよく知っている。

这么多电缆线，哪根接哪儿，师傅了如指掌。

❷ 双子だから、一体誰が誰なのか全然見分けがつかない。

他们是双胞胎，到底哪个是哪个，我完全分不清。

111 【难道……吗(不成)】

まさか…というのか

解释

「まさか…というのか」用在句末，表示推测或反问的语气，前面常常有"难道""莫非"等词相呼应。

例句

❶ 难道还要我去给一个小孩子道歉不成？

まさか子供に頭を下げて謝らなければならないというのか。

❷ 我回我自己家，难道非得经过你的同意不成？

自分のうちへ帰るのに、まさか君に認めてもらわなければならないというのか。

❸ 难道就这么半途而废吗？

こうして中途半端で終わってしまってもいいというのか。

❹ 难道人可以两次踏入同一条河吗？

まさか同じ川に二度入るというのか？

112 【宁可……不……】

たとえ…しようともしない

解释

表示比较两方面的利害得失后选取的一面，常带有两害权衡取其轻的意味。

例句

❶ 宁死不屈。

死すとも屈せず。

❷ 宁为玉碎不为瓦全。

瓦として全うするよりも玉として砕けた方がまし。

節を曲げて生き長らえるより、節を曲げずに果ててしまいたい。

❸ 宁吃鲜桃一口，不吃烂杏一筐。

腐ったアンズを籠いっぱい食べるより、新鮮な桃を一口食べる方がよい。

113 【宁可（宁肯、宁愿）……也要（也得）】

たとえ…でも…しなければ

解释

表示如果舍弃的一面不明显或不须说出，可以单说选取的一面。

例句

❶ 我宁可不睡觉，也要把功课做完。

たとえ一晩寝ないでも宿題を仕上げなければならない。

❷ 自己的事情宁可耽误几天，我也要去帮帮他。

何日分の自分のことを遅らせても、手伝いをしてあげようと思う。

❸ 宁可自己起早点、多累点，也要让孩子们吃个营养早餐。

たとえ早く起きても疲れても、子供たちに栄養たっぷりの朝ごはんを作ってあげなければならない。

❹ 他宁愿牺牲自己的生命，也要保全公共财产。

たとえ自分の命を犠牲にしても、公共の財産を守らなければならない。

注意

“宁愿……也不……”有时候可以用作“绝不……宁愿……”。

❶ 決して秘密を君に漏らさない。たとえこれから付き合いを断つとしても。

绝不会把秘密泄露给你，我宁愿永不来往！

P

114【凭……也……】

たとえ…でも…

解释

表示"任凭""无论"之意。

例句

❶ 凭他怎么天花乱坠地说，不相信的人始终不信。

たとえ飾り立てて吹聴しても、信じない人はとうてい信じないだろう。

❷ 凭你有多大的本事，也无法抵抗大自然的力量。

たとえどれほど力があろうとしても、大自然の力と抵抗することができまい。

❸ 无论什么也动摇不了我回国的决心。

たとえ何があっても、帰国する意思を翻（ひるがえ）すことができない。

Q

115 【七……八……】

あれやこれやと…

めちゃくちゃに…

解释

嵌用名词或动词，表示多或多而杂乱，比如“七手八脚”“七嘴八舌”“七上八下”“七拼八凑”“七零八落”“七扭八歪”等。

例句

❶ 搬家的日子，大家七手八脚地帮我打包、装车。

引っ越しする日に、みんながあれやこれやと荷造りをしたり、トラックに運んだりして協力してくれた。

❷ 结果一出，班级里七嘴八舌议论开来。

結果が出ると、クラスではあれやこれやとうわさが広まっていく。

❸ 明天是发榜的日子，今天的心啊，十五个吊桶打水——七上八下的。

明日は結果発表日だ。今日はあれやこれやと心配でたまらない。

❹ 昨夜狂风暴雨，今天早上起来一看，院子里的花草被吹得七零八落。

夕べ嵐が起こったので、今朝起きると、庭の花や草などめちゃくちゃになっていた。

❺ 早操队伍里，他身子七扭八歪，特别显眼。

ラジオ体操をしている人たちに、体が曲がりくねってまっすぐ伸ばすことができない彼はとても目立った。

注意

单音节字可以用在“……七……八”之中，例如“横七竖八”“杂七杂八”等。

❶ 漁村に近い港には村の漁船がごちゃごちゃと泊っている。

靠近渔村的港口，横七竖八地停泊着村里的渔船。

❷ 机の上にペンやら鉛筆やら紙屑やら散らかしてごたごたしている。
桌上杂七杂八摆放着钢笔、铅笔、纸屑什么的，乱成一片。

116 【千……万……】

何度も…
いくら…でも…

解释

(1) 形容非常多，比如“千言万语”“千差万别”“千头万绪”“千辛万苦”“千变万化”等。

(2) 表示强调，比如“千难万难”“千真万确”“千不该万不该”。

例句

❶ 毕业典礼上，大家心里千言万语汇成一句“谢谢您”。
卒業式では山ほど言いたいことを「ありがとう」の一言となる。

❷ 事物发展总是千变万化。
物事の発展はいつも千変万化なのだ。

❸ 一开学就碰上千头万绪的事情，疲惫不堪。
新学期が始まると、入り組んだ手のつけようのない仕事にぶつかって疲れ果てた。

❹ 机票价格一周内翻了几十倍，这可是千真万确的事情。
チケットは一週間のうちに何十倍も上がってしまうというのは、確かな情報なんだ。

❺ 千不该万不该，不该轻信推销员的话，草率地买了房子。
どうあろうとも、セールスマンの話を軽々しく信じ込んで、家を買ってしまってはいけなかった。

117 【前……后……】

まず…、それから…

解释

(1) 表示两种事物或行为在空间或时间上一先一后。如“前呼后拥”“前思后想”“前因后果”等。

(2) 表示动作的向前向后，如“前俯后仰”“前仰后合”。

例句

❶ 我前思后想，觉得放弃机会这一决定还是不妥。
考えに考えたが、チャンスを見逃すという決定はやはり適当ではないと思う。

❷ 事情的前因后果，你倒是说清楚啊。
事件のいきさつをはっきりと言えよ。

❸ 上了年纪的人，做事开始前怕虎后怕狼，有顾虑了。
年を取っている者は、後先のことをあれこれと考え、いろいろためらうものだ。

❹ 老师一个笑话，让孩子们乐得前仰后合。
先生が笑い話をしたら、子供たちは体を大きく揺すぶって笑い転げた。

R

118 【让……给……】

…にされた
…させてもらう

解释

(1) 表示被动,“让”相当于“被”。
(2) 表示说话者(第一人称)想为某人做某件事情的愿望。

例句

❶ 新买的衣服让同学给划破了。
新しく買った服はクラスメートに破られてしまった。
❷ 悄悄话让宿管阿姨给听见了,怎么办?
内緒話を寮母に聞かれてしまったんだ! どうしよう?
❸ 让我给你讲个有趣的故事吧。
面白い話を話してあげよう。
❹ 让我来给大家带路吧。
皆様に案内役を務めさせていただこう。

119 【任凭……】

いくら…ても…
…にもかかわらず…

解释

(1) 连词,表示“即使”。
(2) 连词,表示“无论”“不管”。

例句

❶ 任凭我们怎么劝,他还是听不进去。

いくら勧めても彼は聞こうとはしない。

❷ 任凭前方道路如何坎坷，还是挡不住我们前进的决心。

前の道がどんなに険しくても進もうとする決心を阻むことはできない。

❸ 任凭他逃到天涯海角，我还是要把他抓回来。

天の果て地の果てまで逃げようとも彼を捕まえてやる。

❹ 任凭严寒酷暑，工人们依然坚守岗位。

寒さや暑さにもかかわらず、労働者は依然として職場を離れない。

❺ 任凭老师怎么批评教育，他总是不改。

いくら教え諭しても、彼は一向に改めようとしない。

❻ 任凭研究的道路多么艰险，我们总要达到目的。

研究の道がどんなに険しくても、必ず目的地に到達しなければならない。

120 【如……一般(一样)】

まるで…のように…

…のごとく…

解释

表示“像……一样”。

例句

❶ 湖面如同镜子一般，倒映出十五的月亮。

まるで鏡のような湖に十五夜のお月がきれいに映っている。

❷ 晚上的娱乐城霓虹灯闪烁，如同白昼一般。

夜の娯楽城はネオンサインがきらきらと輝いて、まるで昼間のようだ。

❸ 月光如流水一般，静静地泻在这一片叶子和花上。(朱自清《荷塘月色》)

月の光はまるで流れる水のように、静かに一枚の葉と花の上に注いでいる。

❹ 如图所示，3月份以来，物价一直在缓慢回落。

図表に示すごとく、3月以来、物価がだんだん下向きになっている。

注意

「…ように」主要用于比喻或举出一个与之相似的例子来说明其动作的状况

或人、物的情绪、状态以及事情的内容。「…ごとく/ごとき」与「…ように」不同之处在于:第一,语气生硬,用法陈旧。第二,直接接在表示人或物的词语后,如果是说话人自己表示谦虚,如果是别人表示轻蔑,如果是事物名词则表示程度轻。第三,「…ごとく」作状语,「…ごとき」作定语。

❶ あの人は朝から晩まで独楽鼠のように働いている。
他从早到晚如同小白鼠一样劳动。

❷ 私のごとき、そんな大役はとてもできません。
如我这般,无法当此重任。

❸ あいつごときに負けるものか。
岂能输给那小子?

121 【如果……】

…なら…

…と…

…たら…

…ば…

…ては…

解释

表示假设。

例句

❶ 如果你要买这本书,那我就借你钱。
もし、貴方がこの本を買うなら、お金を貸してあげる。

❷ 如果要去旅行的话,得跟旅行社签协议。
旅行へ行くなら、旅行会社と契約しなければならない。

❸ 如果肚子吃饱了就会犯困。
お腹が一杯になると、眠くなる。

❹ 如果下了水,身体就会变轻。
水の中に入ると、身体が軽くなる。

❺ 如果写好了信请装入信封。
手紙を書いたら、この封筒に入れなさい。

❻ 如果知道了答案,请举手。

答えがわかったら、手を挙げなさい。

❼ 谚语“积少成多，集腋成裘”的意思，谁都明白吧。

「ちりが積もれば、山となる」と言う諺の意味が誰でも分かるだろう。

❽ 如果声音大了，鱼会被吓跑的。

そんなに大きな声を出しては、魚が逃げてしまう。

❾ “久居自安、久住为家”，想必老师您也爱上了那里吧。

「住めば都」で先生も当地がお好きになられたようですね。

注意

「…なら」与其他几个假定不同的是：第一，当后项动作先于前项假定条件时，只能用它。第二，确认某事将要发生或已经发生了的情况下，说话人叙述自己对此的意见、看法或向对方提出请求、劝告。

「…と」与其他几个假定不同的是：第一，表示永恒条件，即只要前项满足时，总是很自然地出现后面的情况。主要用于自然现象、生理现象、习惯行为以及真理。第二，后项为客观的、公认的语态，消极时多用。

「…たら」与其他几个假定不同的是：因为它是过去式助动词「た」的假定形，所以当表示前项假定条件实现之后，后项才得以发生时，只能用它。注意点：第一，后项多为命令、请求、要求、希望、禁止等形式。第二，前后项多为同一主语。

「…ば」与其他几个假定不同的是：与「と」一样表示永恒条件，即强调具备某种条件就必然产生某种结果。但它只用于成语、谚语以及抽象的理论。

「…ては」与其他几个假定不同的是：它表示如果前项条件成立的话，就会导致后项的不良结果。故，只用于后项发生消极的、不希望的事情。与「と」的第二点不同的是它带有说话人的判断、回避，即主观色彩。

❶ 入試の結果を知ったら、電話で知らせる。

如果我知道了考试结果，我会打电话通知你。

❷ 長距離電話をするなら、夜8時以降は安くなるよ。

如果要煲电话粥，那晚上8点以后会打折。

❸ コーチがそんなに厳しくては誰もついてこないよ。

如果教练那么严厉的话，谁也不会跟他吧。

❹ 子供を無理にさせると、勉強嫌いになる。

如果强迫孩子学习，那么他们会厌学的。

❺ 大衆の支持がなければ彼は何も成し遂げることができないだろう。

如果没有大众的支持，那么他什么也完成不了吧。

122 【若(是)……】

もし…ば…

解释

表示“如果”之意，多用于书面语。

例句

❶ 艺术若是离开了生活，便会枯竭。

もし芸術は生活を離れれば、枯れてしまう。

❷ 若是没有大家的帮助，我无法独自完成这项艰巨的任务。

もしみんなが助けてくださらなければ、一人でこんな骨の折れた仕事はできないだろう。

❸ 外语若是永远停留在生活会话水平，那么将无法到公司担任翻译的工作。

もし外国語はいつまでも生活会話のレベルに留まってしまえば、通訳者として会社で働くことはできない。

❹ 今天若是不给我明确的答复，那么前段时间的努力可真的是白费了。

もし今日中に明確な返事を得られなければ、今までの努力も水の泡になってしまうというものだ。

注意

“若”与“便”搭配，相当于“如果……便……”，多用于书面语。

❶ もしあなたが元気なら、今日は晴れ。

你若安好，便是晴天。

❷ もし気にかかることなければ、最も素敵な人生だ。

若无闲事挂心头，便是人间好时节。

S

123 【……什么的】

…なんか

…なんて

…といった

解释

用于列举,表示“等等”“之类”的意思。

例句

❶ 妈妈的生日送项链什么的怎么样?

母の誕生日プレゼントはネックレスなんかどう?

❷ 打游戏什么的毫无用处。你要好好学习!

ゲームなんか何の役にも立たない。もっとしっかり勉強しなさい。

❸ 简直不敢相信,这件商品只需要区区 100 日元。

この商品がたったの100 円なんて信じられない。

❹ 我从来没有遇到过不喜欢吃川菜的人。

四川料理が嫌いな人なんて今まで会ったこともなかった。

❺ 虽说感冒什么的不是大不了的病,但也绝不可以掉以轻心。

風邪といった病気はたいした病気ではないが、油断してはいけないよ。

❻ 桌上摆满了字典、铅笔、橡皮还有书什么的。

机の上には辞書、鉛筆、消しゴム、本といった物でいっぱいになる。

注意

「なんか」可接在第一人称后,表示谦虚。如果与否定搭配使用,则含有轻蔑或者意外的语感。「なんて」接在动词后,含有吃惊的语感,表示情况在预想之外。「といった」则是列举同类事物,暗示其他。

❶ 私なんかが社長だなんて、まだ早すぎるよ。

我当总经理,这话说太早了吧。

❷ こんな汚い部屋になんか、一日だって泊まりたくない。

这种肮脏的房间，我一天也不想待。

❸ こんなところで、渡辺さんに会うなんて、びっくりした。

居然在这种地方碰见渡边，真让人吃惊。

❹ 今日テストがあるなんて知らなかった。

我完全不知道今天居然有测验。

❺ 大学生、会社員、運転手さんといった人々は積極的（せっきょくてき）に新型コロナウイルス感染症のボランティア活動に参加している。

大学生、公司职员、驾驶员等各类人员都积极参与到新冠肺炎的志愿者活动中来。

❻ ストレス解消（かいしょう）には、クラシック音楽や鳥の鳴（な）き声（ごえ）、風（かぜ）の音（おと）等といった自然の音を聴いてみるのも一つの方法だ。

为了消解压力，听听古典音乐、鸟叫声、风声等大自然的声音也是一种方法。

124 【甚至……都……】

…さえ

…まで

解释

表示突出的或者进一步的事例，表明程度很高。

例句

❶ 每天忙得不得了，甚至连好好看电视的时间都没有。

毎日、忙しすぎてゆっくりテレビを見る時間さえもない。

❷ 连老师都解答不了的问题，我们当然做不出来了。

先生でさえ解けない問題なのだから、当然私たちには解けないよ。

❸ 由于上司的命令，甚至周末也要上班。

上司の命令で、土日さえも出勤しなければならなくなった。

❹ 甚至连他最信任的手下都背叛了他。

一番信頼していた部下までが、彼を裏切った。

❺ 公司破产，生活困窘，甚至去便利店扒窃。

会社が潰れ、生活に困ってしまい、コンビニで万引きまでするようになった。

注意

「…さえ」「…まで」都是极限表达，用于举出极端的事例暗示其他。「まで」本身为格助词，表示事物的终点，用作副助词，举出同类中程度最高的一项，暗示其他。「さえ」为提示助词，提示极端事物，表示类推，既可以标记程度高的事物，也可以标记程度低的事物；一般常和否定的表达相呼应，表示说话人惊讶的语气。多用于负面的语义。

❶ 水を飲み込むのさえ痛い。

甚至连喝水都会痛。

❷ 大学時代の友達とは卒業後、一切連絡を取っていないし、連絡先もわからないので元気なのかさえわからない。

因为自从毕业之后，大学时期的朋友就完全没有再联络过，也不知道联系方式，所以甚至都不知道他们过得好不好。

❸ 近頃は子供ばかりか、お年寄りまでネットゲームを楽しんでいる。

近来不光是孩子，甚至老年人都喜欢玩网络游戏。

❹ 財布を落としただけでなく、カギまでなくしてしまって、家に入れない。

不光丢了钱包，甚至连钥匙都弄丢了，进不了家门。

❺ 弟はまだ小学生なのに数学が得意で、大学の関数(かんすう)問題まで答えられる。

弟弟虽然还是小学生，但是数学很好，甚至连大学的函数问题都会解答。

125 【时而……时而……】

…たり…たり

…時に(は)…時に(は)

解释

表示动作或者状态交替进行或者反复发生。

例句

❶ 今天的雨时下时停。

今日は雨が降ったり止んだりしていいる。

❷ 他边走边说，声音时高时低。

彼は歩きながら話している。声は高くなったり、低くなったりする。

❸ 雨时大时小，从早下到晚。

雨は時には強く時には弱く、朝から晩まで降り続く。

❹ 他听得十分认真，表情时而严肃时而微笑。

彼はまじめに耳を傾けて、時には厳しい表情になったり、時には微笑んだりしている。

注意

「…時には…時に(は)」常常与「…たり…たり」搭配使用。「…たり…たり」除了表示反复交替发生，还可以表示列举，这时候一般不翻译为“时而……时而……”，而是根据内容和上下文酌情翻译。

❶ 休日にはテレビを見たり音楽を聞いたりしてのんびり過ごす。

周末我喜欢看看电视，听听音乐，悠闲地度过。

❷ ご飯を作ったり、掃除したりして、今日は忙しい一日だった。

又是做饭又是打扫卫生，这真是忙碌的一天。

❸ 子供の頃は、よく家族でレストランで食事をしたり、海外旅行したりした。

孩提时候，经常全家一起去餐厅吃饭或是去国外旅行。

126 【是……还是……】

…か、それとも…か

解释

表示选择，第一项之前可以省略“是”。

例句

❶ 去看朋友，还是去看电影，还是去滑冰，商量一下。

友達と会うか、それとも映画に行くか、あるいはスキーにいくか、相談してみよう。

❷ 是我去自提呢，还是加4元(让人)送过来呢?

自分でお店まで取りに行くのか、それとも4元かけて送ってもらうのか。

❸ 毕业之后，是继续读研还是去沿海地区工作呢，很多学生举棋不定。

卒業後、そのまま院生になるのか、それとも沿岸部(えんがんぶ)に行って仕事をするのか、まだ迷っている学生が多いようだ。

❹ 你结婚之后是随夫姓还是不改姓呢？

結婚したあと、夫の苗字(みょうじ)をとるか、それともそのままにするか。

注意

与第45条【到底是……还是……】相比较。

127 【顺便……】

…ついでに

…がてら

解释

表示趁着做某事的方便做另一件事，或者利用某个机会把其他事情也一并处理了。

例句

❶ 打扫卫生时顺便把家具重新摆了一下。

掃除のついでに家具を並(なら)び替(か)えた。

❷ 去便利店买了便当，顺便买包烟。

コンビニで弁当を買うついでに、タバコも買った。

❸ 去了趟迪士尼，顺便参观了东京市区。

ディズニーランドに行ったついでに、東京市内も観光してきた。

❹ 我们去买东西，顺便在那块儿逛逛好吗？

買い物がてら、その辺をぶらぶらしない？

❺ 想着周末开车去兜风，顺便去新开的游乐园。

週末にはドライブがてら、新しい遊園地(ゆうえんち)に行ってみようと思う。

❻ 去西班牙旅行，顺便去见了住在当地的朋友。

スペインへ旅行がてら、現地に住んでいる友達に会いに行った。

注意

「…ついでに」「…がてら」都表示做某一件事的同时，顺带做了另一件事。

前项为主要动作,后项重要性比前项低些。「…がてら」后项多用表示移动的动词,比如「行く」「寄る」等。二者可以互换,但「…がてら」比「…ついでに」语气略微生硬些。此外「…ついでに」还可以作为接续词来使用。

❶ 買い物がてら友人の家に立ち寄る。
买东西顺便去了趟朋友家。

❷ お花見がてら/のついでにちょっと散歩しないか。
我们去赏花,顺便散散步吧。

❸ コンビニにサンドイッチを買いに行ってついでに雑誌も買ってきた。
去便利店买三明治,顺便买了本杂志。

❹ 事務室へ行くなら、ついでにこの書類も持って行ってくれない?
你要去办公室的话,顺便帮我把这份资料带过去,行不?

128 【说到……】

…といえば
…というと
…といったら
…ときたら

解释

表示谈到或者涉及某个话题,用于说话者陈述自己的意见或者看法。

例句

❶ 说到日本夏天的传统活动,就是烟花大会了吧。
日本の伝統的な夏の行事といえば、花火大会だ。

❷ 要说在国外深受欢迎的日本饮食,有寿司或拉面等,但是最近什锦烧和乌冬面也慢慢开始深受欢迎。
海外で人気が高い日本料理といえば、寿司やラーメンだが、最近ではお好(この)み焼(や)きやうどんなども少しずつ人気が高まってきている。

❸ 说到上班通勤,一定会联想到上班高峰期的拥挤吧。
通勤というと、ラッシュアワーの混雑(こんざつ)を想像するだろう。

❹ 要说日本的传统体育项目,就是相扑和柔道吧。
日本の伝統的なスポーツというと、相撲(すもう)や柔道(じゅうどう)だろう。

❺ 要说日本的便利店，既能复印，又有 ATM 取款机，还能寄包裹，真的很方便。

日本のコンビニといったら、コピーもできるし、ATMもあるし、荷物も送れるし、本当に便利だ。

❻ 要说那位学生的认真劲儿，连老师都自愧不如。

あの学生のまじめさといったら、教師の方が頭が下がる。

❼ 您家女儿爱看书多好。说起我家的娃，每天打游戏，完全不学习。

お嬢さんはよく本を読んでいいね。うちの子ときたら、毎日ゲームばかりで全然勉強しないよ。

❽ 说到最近的电视节目，净是些雷同的内容，完全没意思。

最近のテレビ番組ときたら、似たような内容ばかりで全然面白くない。

注意

「といえば」「というと」表示承接前面的话题展开叙述之意，后项往往是表示回忆、看法、联想等语义的动词。而「といったら」提到某个话题时，往往表达的是震惊或者佩服的语感，表示程度不同寻常。「ときたら」常含有责备、不满的语气。

❶ 広いキャンパスや蔵書豊富な図書館など、この大学の施設といったら驚くものばかりだ。

校园宽广，还有藏书量丰富的图书馆等，说起这所大学的硬件设施，真让人惊叹。

❷ 日本のトイレといったら、綺麗だし、ハイテクだし、ほかの国のトイレもこうなってほしい。

要说日本的厕所，真是又干净又高科技，真希望其他国家厕所也能变成这样。

❸ 周りの家はみんなきれいなのに、我が家ときたら、草がいっぱい生えている。

周围每家都很整洁，但是说到我家，杂草丛生。

❹ 彼氏ときたら、私の誕生日を忘れて友達と遊びに行ったんだよ。ひどくない？

说起我男朋友，居然忘了我的生日跑去跟他朋友玩。是不是很过分？

129 【虽说……但是……】

…とはいえ

…とは言っても

…とは言うものの

解释

表示前项的预想或者期待，与后项结果不一致，属于让步从句。

例句

❶ 虽说麻婆豆腐里面放了豆瓣酱更美味，但是放多了也不好吃。

麻婆豆腐に豆板醤（とうばんじゃん）を入れるとおいしくなるとはいえ、入れすぎてはおいしくない。

❷ 虽说已经到春天了，但早晚还是很冷。

もう春になったとはいえ、朝晩はまだまだ寒い。

❸ 虽说手术很成功，但还需要静养一段时间。

手術は成功したとは言っても、しばらくは安静（あんせい）にする必要がある。

❹ 虽然说只要相爱，年龄不是问题，但是差 20 岁好像还是有点差太多了。

愛があれば年齢差は関係ないとは言っても、20 歳の差ってすごく離（はな）れているようだ。

❺ 虽说运动会重在参与，但我还是想赢。

運動会は参加することは何よりだと言うものの、やはり優勝したい。

❻ 虽然新学期已经开学了，但是受到新冠肺炎的影响无法返校。

新学期が始まったとは言うものの、新型コロナウイルス感染症の影響で学校には戻れない。

注意

「とはいえ」既可以用于口语，也可以用于书面语，后项一般表示说话人的意见或者判断，可表示正面或者积极的评价。「とは言っても」表示实际程度与听话者的想象存在差距。「…とは言うものの」则多用于正式的场合或者书面语中。

❶ ここは自然豊かな田舎とはいえ、インターネットも使えるし、病院やスーパーもあるので不便は感じない。

这里虽说是身处大自然的农村，但是又能上网，也有医院和超市，没有觉得不方便。

❷ 漢字は読めると言っても、まだ100個ぐらいで、読めない漢字もたくさんあるよ。

虽说会认日语汉字，但只会100个左右，还有好多不认识的字。

❸ 東京大学に合格できたと言っても、3回浪人してたけどね。

虽说考上了东京大学，但是复读了三年呢。

❹ 4月になって少しずつ暖かくなってきたとは言うものの、何か羽織(はお)るものは必要だ。

虽说4月开始就渐渐暖和起来了，但还是得加件外套。

130 【随着……】

…につれて

…に従って

…に伴って

…とともに

解释

表示随着前项的变化和进展，后项也相应发生变化，两者多为正比例关系。

例句

❶ 随着写字的机会减少，汉字的书写错误增多了。

字を書く機会が少なくなるのにつれて、漢字の書(か)き間違(まちが)いが多くなってきた。

❷ 随着工作变得忙碌，跟女朋友能见面的日子越来越少了。

仕事が忙しくなるのにつれて、彼女と会える日が少なくなってきた。

❸ 随着年龄的增大，越来越健忘了。

年をとるに従って、物忘(ものわす)れがひどくなってきた。

❹ 随着考试时间的临近，我越来越紧张。

試験の日が近づくに従って、だんだん緊張してきた。

❺ 随着网络的普及，在网上购物的人增多了。

インターネットの普及に伴って、オンラインで買い物をする人が増えてきた。

❻ 随着用户的增加，服务器似乎无法承载了。

ユーザーの増加に伴って、サーバーが耐えきれなくなったようだ。

⑦ 人们的想法或许会随着时代的改变而改变。

人々の考え方は時代の流れとともに変わっていくものなのかもしれない。

⑧ 随着年龄的增长，我变得爱哭了。

年とともに涙脆（なみだもろ）くなってきた。

注意

这组句型表示随着前项的发展，后项也发生相应变化，因此后项谓语动词多与表示变化的「てくる」或「なる」搭配。「…に従って」还有“根据”的意思。「…に伴って」和「…とともに」还可表示两项动作同时发生。此外「……とともに」可以表示共同进行某项行为的对象。

① 子供が大きくなるにつれて、夫婦の時間がとれるようになってきた。

随着孩子慢慢长大，夫妻之间共处的时间多了。

② 学生の成績に従って、クラスを4つにわける。

根据成绩，把学生分成 4 个班。

③ 地震にともなって津波が発生した。

地震的同时发生了海啸。

④ この歌を聴いて懐かしくなったとともに、時間の流れを痛感した。

一听到这首歌，既感到怀念，同时也深感时间的流逝。

⑤ これからも、娘とともに、楽しく生きて行きたいと思います。

我想今后跟女儿一起快乐生活下去。

T

131 【通过……】

…を通じて

…を通して

…によって

解释

表示通过某种手段或者方式,实现某种目的。

例句

❶ 日本文化通过动画片和漫画走向世界。

アニメやマンガを通じて、日本の文化が世界中に広がっていく。

❷ 通过参加志愿者活动,我改变了对社会的看法。

ボランティア活動を通じて、社会への考え方が変わりました。

❸ 老师通过教授学生,反过来也从学生那里学到很多东西。

教師が学生に教えることを通して、逆(ぎゃく)に学生に教えられることも多い。

❹ 这件事通过他夫人委托比较好。

そのことは奥さんを通して、頼んでみたらいい。

❺ 通过参加志愿者活动,我自己也学到了很多东西。

ボランティア活動に参加することによって、自分自身も多くのことを学んだ。

❻ 通过这份资料,弄清楚了之前很多不明白的地方。

この資料によって今まで不明だった多くの点が明らかになった。

注意

「…を通じて」表示某件事情得以成立的媒介或者手段;「…を通して」则表示通过某些媒介手段获取知识、经验等,常有因此受益的语感。另外,「…を通じて」「…を通して」还可以表示在某个期间内持续某种状态。「…によって」表示手段、方式等，表示借助某种方式或者工具，事件得以成立或成为可能。此外，「によって」还可以表示被动态的动作主体，以及“因……而不同”的语义。

❶ 令和という新元号（しんげんごう）が発表される瞬間（しゅんかん）はテレビを通じて見た。

通过电视观看了“令和”新年号发表的瞬间。

❷ 子供は失敗することを通して様々なことを学んでいく。

孩子通过失败来学习各种各样的东西。

❸ タイという国は1年を通じて温暖（おんだん）な気候だ。

泰国一年四季气候都很温暖。

❹ 一年を通して彼は無遅刻（むちこく）、無欠席（むけっせき）で頑張り、皆勤賞（かいきんしょう）をもらった。

他整整一年都无迟到请假，工作努力，获得全勤奖。

❺ 職場環境（しょくばかんきょう）を改善することによって、従業員（じゅうぎょういん）の満足度（まんぞくど）を高める。

通过改善职场环境，提高员工满意度。

❻『ロミオとジュリエット』はシェークスピアによって書かれた四大悲劇（ひげき）の一つだ。

《罗密欧与朱丽叶》是莎士比亚创作的四大悲剧之一。

❼ 人によって考え方は違う。

想法因人而异。

W

132 【完全……不】

少しも…ない

ちっとも…ない

全然…ない

解释

表示不会出现某种情况，某种动作、行为未发生或者不成立。

例句

❶ 那孩子完全不听父母的话。

あの子は親の言うことを少しも聞かない。

❷ 这本书虽然是获奖作品，却完全没意思。

この本は受賞(じゅしょう)作品なのに、少しも面白くない。

❸ 我以为那部科幻小说比较恐怖，结果读了一下完全不可怕。

あのSF小説は怖いものだと思っていたが、読んでみたらちっとも怖くなかった。

❹ 日本报纸汉字很多，完全不会读。

日本の新聞は漢字が多くて、全然読めない。

❺ 眼睛不好，度数高。要是没有眼镜，完全看不见。

目が弱くて、度数(どすう)が強い。眼鏡がないと、全然見えない。

注意

「少しも」「ちっとも」后续否定，表示主体所期待的动作情况没有发生，或与期待不符，所以句中常有表示转折的「が」「のに」。「全然」后续否定，用于叙述动作或者状态等未发生或者不成立，有去加强否定的语气。另外，「全然」还可以与肯定表达搭配使用。

❶ 強くこすっているのに、すこしもきれいにならない。

我使劲儿擦了，可一点儿也没变干净。

❷ 妻がパーマをかけたのに、夫はちっとも気づかなかった。

妻子烫了发，可做丈夫的一点儿也没发现。

❸ A：どう、論文うまく進んでる？

B：だめ、だめ、全然だめ。

A：怎么样，论文进展还顺利吧？

B：不行不行，完全不行。

❹ 全然平気・全然いい・全然大丈夫・全然OK。

完全没关系。

133 【为了……】

…ために

…には

…ように

解释

表示为了实现或者达到某种目的，进行某种相应的行为或者具备某种条件。

例句

❶ 为了明天的考试，准备提前复习学过的单词和语法。

明日の試験のために、習った単語や文法を復習しておく。

❷ 我为了赚取养家的生活费，来到日本工作。

私は家族の生活費(せいかつひ)を稼ぐために、日本へ働きに来た。

❸ 要从图书馆借书，必须出示借书卡。

図書館の本を借りるには、貸出(かしだし)カードを提示する必要がある。

❹ 要在这家公司上班，必须通过日语能力测试N1级。

この会社で働くには、JLPT N1に合格する必要がある。

❺ 为了考上第一志愿的大学，我每天拼命学习。

第一志望(しぼう)の大学に合格できるように、毎日一生懸命勉強している。

❻ 为了看清楚PPT的字，我坐在了前面的位置上。

パワーポイントの字が見えるように、前の席に座る。

注意

「ために」还可以表示原因,「に」可省略。「ように」前面往往接续动词的可能态,也可以接续否定的表达,表示为了避免出现某种情况而采取相应行动。「には」后面接续的是为了达到某个目的,必要的条件或者必须要做的事情。

❶ インフルエンザのために、1週間ほど休みました。

因为流感,我休息了一个星期左右。

❷ 台風が接近しているため、本日は休講(きゅうこう)だ。

由于台风过境,今日停课。

❸ 子供でも食べられるように、少し甘く作っている。

为了让孩子也能吃,我做得稍微甜一点。

❹ スピーチの時、スラスラ話せるように、家で練習しておく。

为了演讲时讲得流畅,我在家提前练习。

❺ 新型コロナウイルス感染症にかからないようにしっかり手を洗って、マスクをつけよう。

为了不感染新冠肺炎,我们要好好洗手,戴好口罩。

❻ 健康な体を維持するには、早寝早起きが一番だ。

要保持健康的身体,最好早睡早起。

134 【未必……】

(必ずしも)…とは限らない

(必ずしも)…わけではない

解释

表示一般情况下虽然如此,但是也存在例外的情况,即根据前面的条件,不一定能够推断出后面的结论。

例句

❶ 努力未必会成功,但是成功的人大多很努力。

努力が必ずしも実るとは限らないが、成功している人の多くは努力している。

❷ 跟喜欢的人结婚,未必就会幸福。

好きな人と結婚すれば、幸せになれるとは限らない。

❸ 敬语很难,所以即便是日本人也不见得都能够正确使用敬语。

敬語はとても難しいから、日本人でも、敬語が正しく使えるとは限らない。

④ 诺贝尔文学奖获得者的作品未必都畅销。

ノーベル文学賞の受賞者の作品なら、必ずしもどれでも売れるというわけではない。

⑤ 一直都笑盈盈的人未必就是好人。

いつも笑顔だからといって、必ずしも良い人というわけではない。

⑥ 日本人未必都知道 SMAP 这个组合。

日本人なら誰でもSMAPのことを知っているわけではないよ。

注意

表示事情未必成立或者发生。经常接续在「…たとしても」「…からといって」之后使用，表示虽然具备某种条件，但结果未必如预期一般。还可以接续在用言否定形后面「…ないとは限らない」，表示“未必不”。

① 権力やお金があったとしても、必ずしも幸せとは限らない。

即使拥有权力和金钱，也未必就幸福。

② 毎日ピアノを練習したからといって、必ずしも上手になるわけではない。

即使每天练习钢琴，也不一定就弹得很好。

③ 友達が多いとしても孤独ではないとは限らない。

虽说朋友多，但未必就不孤独。

④ 議論で何も言わないからといって、必ずしも何も考えていないとは限らない。

虽然在讨论的时候什么都没说，但未必代表什么都没想。

135 【无论……都……】

いくら…ても

どんなに…ても

どんな(に)…(よ)うとも

解释

连接前后两句，用于条件从句中，表示不管什么条件下，后项的结论或者结果都不会改变。

例句

❶ 无论我怎么练习，也拉不好小提琴。

いくら練習しても、バイオリンを上手に弾(ひ)けない。

❷ 老师无论怎么让学生学习，学生如果不学也没办法。

先生がいくら勉強しろと言っても、学生が勉強しなければどうしようもない。

❸ 既然报名参加了马拉松比赛，无论多痛苦我都要跑完全程。

マラソン大会に応募したからには、どんなに苦しくても最後まで走(はし)り抜(ぬ)くつもりだ。

❹ 无论父母怎么反对，我都要跟他结婚。

親にどんなに反対されようとも、彼と結婚する。

❺ 无论有什么理由，抛弃自己孩子的父母都绝对不可原谅。

どんな理由があろうとも、自分の子を捨(す)てた親は絶対許せない。

❻ 无论用什么方法，我都要把医用口罩和护目镜送到医生手中。

どんな手段を講(こう)じようとも、医用(いよう)マスクとゴーグルをお医者さんの手に届けようと思う。

注意

表示尽管有前项所述的各种条件、状况和状态，但是后项仍然不受其影响。「どんなに」「いくら」都可以用于对程度的强调，但是「いくら」还可以用于陈述事情发生多次。如果强调次数多，一般多用「いくら」。另外，省略「どんなに」或「いくら」，「ても…ても」单独也可以表示“无论……都”。

❶ いくら話しても、分かってくれない。

说了多少遍他也不明白。

❷ ワクチンの開発はいくら失敗しても、頑張ればいつか成功できることを信じるから、絶対諦めない。

疫苗研发无论失败多少次，只要努力，我坚信总有一天会成功，绝对不会放弃。

❸ 食べても食べても、お腹が空く。

无论怎么吃，肚子都饿。

136 【无论……还是……】

…であれ…であれ

…といい…といい

…いわず…いわず

解释

表示条件或情况不同而结果不变，或者评价的角度或基准有所不同，但结论仍保持不变。作为例子只举出其中的两项，但大多数情况下蕴含不止这两项，还有其他方面的意思。

例句

❶ 无论是国王还是平民，都必须遵守法律。

王様（おうさま）であれ、一般市民（いっぱんしみん）であれ、誰でも法律を守らなければならない。

❷ 无论是学校教育还是家庭教育，从长远的眼光来考虑孩子的将来比较好。

学校教育であれ、家庭教育であれ、長い目で子供の将来を考えたほうがいい。

❸ 我觉得无论是设计还是颜色，他的作品都是最优秀的。

デザインといい色といい、彼の作品が最優秀（さいゆうしゅう）だと思う。

❹ 无论是田中还是渡边，这个班上很多人都很有趣。

田中さんといい、渡辺さんといい、このクラスには面白い人が多い。

❺ 他的房间无论是书桌上面还是下面，都是纸屑。

彼の部屋は机の上といわず下といわず、紙くずだらけです。

❻ 孩子回到家，无论手上还是脚上，满身都是泥。

手といわず足といわず、子供は体中（からだじゅう）泥だらけで帰ってきた。

注意

这个句型表示列举，一般都是接续名词使用，但是であれ还可以接在动词之后，加上形式名词「の」。另外「…といい…といい」一般用于正面积极的评价。表示无论从哪个方面来看，都符合后项的结论，所以常常用于感叹、佩服等情感。「…といわず…といわず」表示列举出来的失误毫无例外都是后面的情形，主要接续在表示部分的名词后暗示整体。

❶ 論文を書くのであれ、研究発表をするのであれ、十分なデータが必要だ。

无论是写论文还是发表研究，都需要充分的数据支撑。

❷ 頭の良さといい、気の優しさといい、彼はリーダーとして相応（ふさわ）しい人間だ。

头脑聪慧，心地善良，无论从哪方面看，他都是最适合的领导人选。

❸ 性能といい、デザインといい、このスマホが一番好きだ。

这部手机无论是性能还是款式，我都最喜欢。

❹ 顔といわず、手といわず泥まみれだ。

无论脸上还是手上都全是泥。

X

137 【希望……】

…てほしい

…てもらいたい

解释

表达说话人盼望某种情况出现或者达到某种目的，多用于表达期待或者愿望。

例句

❶ 希望有更多的人来参加展览会。

この展覧会(てんらんかい)には、たくさんの人に来てほしい。

❷ 希望妈妈健康长寿。

母にはいつまでも元気で長生きしてほしい。

❸ 不好意思，能请你帮个忙吗？

すみません、ちょっと手伝ってもらいたいんですが。

❹ 希望你跟我说一下这个汉字的读音。

この漢字の読み方を教えてもらいたいんですが。

注意

「…てもらいたい」表示说话人拜托或者希望听话人做某事，但不能用于自然状态或者非生命主体的情况。更为礼貌和尊敬的表达方式为「…ていただきたい」。「…てほしい」强调说话者的希望或者愿望，但只用于说话者对听话者或者他人的希望，不能用于陈述自己的事情。如果对象是人，那么需要用格助词「に」来标记，但如果盼望某种状态发生，那么需要用「が」来标记。如果前接否定，即「…ないでほしい」则表示不希望这样的情况或者状态发生。

❶ その点に関しましては、もうちょっと詳しく説明していただきたいんですが。

关于这一点，希望您能稍微说得更详细些。

❷ 今年の忘年会には野村社長に出席していただきたいんですが、いかがだろうか。

希望野村总经理出席今年的年终联欢会，意下如何？

❸ 早く新学期が始まってほしい。

希望新学期早点开始。

❹ もう寒い冬にはあきあきしてきた。早く春がきてほしい。

我已经厌倦了冬天。希望春天快点到来。

❺ 僕を置いて外国へなんか行かないでほしい。

我希望你不要丢下我去国外。

❻ あのう、すみません。今、勉強しているのであまり大きな音を出さないでほしいんですが。

不好意思，我正在学习，拜托能不能稍微小声点儿？

138 【想必……】

さぞ…だろう

きっと…だろう

解释

表示推测某种可能性，用于说话者比较肯定的判断、猜测。

例句

❶ 那个女孩很可爱，想必在女生很少的理科大学很受欢迎吧。

あの子はかわいいから、さぞ女子学生が少ない理科（りか）大学で人気が高いだろう。

❷ 从东京飞西雅图需要10小时左右，您想必很累了吧。

東京からシアトルまで飛行機で10時間ぐらいかかるから、さぞお疲れになっただろう。

❸ 恭喜你考上大学。你真的很努力！你父母想必很开心吧。

ご入学、おめでとうございます。よくがんばりましたね。ご両親はさぞお喜びになるだろう。

❹ 她要是知道后，想必一定很高兴。

彼女が知ったらきっと喜ぶだろう。

⑤ 他没来，想必是没有接到通知。

彼が来ないのはきっと通知を受け取らなかったのだろう。

注意

使用「きっと」时，说话者对事情的把握程度比较高，而副词「さぞ」含有对对方的体谅之情，有感同身受之意。「さぞ…だろう」可以加上「こと」变为「さぞ…ことだろう」。「…ことだろう」语气更为郑重，一般多用于书面语。副词「さぞ」加强了情感色彩，更加蕴含同理心。

① 先生、ご無沙汰いたしました。お嬢さんもさぞ大学生になったことでしょう。

老师，久未问候，想必您女儿已经上大学了吧。

② 孫さん、東京大学合格とのこと。さぞ御喜びのことでございましょう。

您孙子考上了东京大学，想必您一定很欣慰吧。

139【想要……】

…う（よう）と思う

…う（よう）とする

…たい（と思う）

解释

表示说话人对于今后将要采取的行动方向、方法等的考虑或者计划。

例句

① 我想在日本获得硕士学位后，回国做一名日语教师。

日本の大学で修士号を取ってから、国へ帰って日本語の先生になろうと思っている。

② 老师，我想用这本书练习日语听力，您看可以吗？

先生、毎日この本を使って日本語の聴解を練習しようと思っているが、いかがか。

③ 消防员拼尽全力想要救出那只困在楼房间隙的猫。

建物の隙間に挟まって出られなくなった猫を消防士が必死に救助しようとしている。

④ 那个孩子用手语努力传达着自己的想法。

あの子が手話(しゅわ)で一生懸命に自分の思いを伝えようとしている。

❺ 每天加班太累了。啊,好想喝点啤酒啥的。

毎日残業で疲れたよ。ああ、ビールでも飲みたいなあ。

❻ 毕业之后,我想去待遇好的公司工作。

卒業したら、給料がいい会社で働きたい。

注意

三个句型都可以表示主体想要做某事,但是从可能性和主观意志及决心的程度看,「…う(よう)とする」表示说话人一定要做的强烈意志,所以实现的可能性也最高;「…う(よう)と思う」表示说话人打算今后做这件事情,实现可能性为中等;而「…たい(と思う)」仅仅表示想做的愿望或者想法,所以实现的可能性最低。

❶ 海で溺(おぼ)れている子供を、警察が必死に助けようとしている。

警察拼命救助海中溺水的儿童。

❷ 私は将来、海外へ移住(いじゅう)しようと思っている。

将来我想移居海外。

❸ 死ぬまでに、一度でいいから世界一周してみたいなあ。

我想在死之前环游世界,哪怕一次也好。

140 【向(面向)……】

…に向かって

…に向けて

…向けの/に/だ

解释

表示方向朝着或者对着之意。同时还可以表示动作的对象。

例句

❶ 学生们面向讲台入座。

学生たちは講壇(こうだん)に向かって座る。

❷ 这趟飞机现在向着西雅图飞去。

この飛行機は今シアトルに向かっている。

③ 部长向着单身赴任的地方出发了。

部長は単身赴任の任地に向けて出発した。

④ 茶道老师向着茶室入口方向端坐。

茶道の先生は茶室の入り口に向けて正座している。

⑤ 请告诉我一首面向吉他初学者的简单曲子。

練習にちょうどいいギター初心者(しょしんしゃ)向けの簡単な曲を教えてください。

⑥ 这本书面向专业人士的术语很多,所以普通人读起来有点难。

この本には専門家向けの用語が多いので、一般の人には分かりにくい。

注意

「…に向かって」有三个意思,可以表示动作所涉及的对象,也可以表示动作的方向或者朝向,或者表示状态的变化。「…に向けて」除了表示单纯的方向,还有朝着某个目标努力奋进的意思。另外,有一个形态上与「…向け」相似的语法,「…向き」,但意思为"适合",与「…向け」表示以某人为对象略有不同。

① 先生に向かって乱暴(らんぼう)な言葉遣いをやめてください。

不准对老师说粗话。

② 寝室は正面に向かって右側にある。

寝室向着正面,在右侧。

③ 患者さんはだんだん回復に向かっている。

病人正在逐渐恢复。

④ オリンピック大会に向けて厳しい訓練が続けられた。

朝着奥运会的目标进行严格的训练。

⑤ この店はお子様メニューもあり、ファミリー向きだ。

这家店有儿童菜单,适合家庭就餐。

⑥ この登山コースは長いが、傾斜が緩やかで初心者向きだ。

这条登山路线虽然很长,但是倾斜度较缓,适合初学者。

⑦ この映画は子供向けの映画だ。

这部电影面向儿童。(以儿童为对象创作)

⑧ この映画は子供向きの映画だ。

这部电影适合儿童观看。(不一定以儿童为对象创作,但是内容或者剧情设定适合儿童观看)

141 【像……一样】

…とおりに(どおりに)

…ごとく(ごとき)

…ように

解释

表示按照要求或者规定行动。

例句

❶ 请按照说明书操作。

説明書のとおりに操作してください。

❷ 请照我说的去做。

私が言ったとおりにやってください。

❸ 和我的预想一样,足球比赛巴西获胜。

私の予想どおり、サッカーの試合はブラジルが優勝した。

❹ 他好像无所不知一般,讲话一直充满自信。

彼は何でも知っているかのごとく、いつも自信を持って話す。

❺ 一到公司,就一如既往开始了无聊的工作。

会社に出勤すると、いつものごとくつまらない仕事が始まった。

❻ 像他那样穷凶极恶的犯人,应该受到严厉处罚。

彼のごとき凶悪犯(きょうあくはん)は、厳罰(げんばつ)に処されるべきだ。

❼ 如我前几天告知的那样,下周起日程表将变化。

先日お知らせしたように来週からスケジュールが変わる。

注意

虽然都表示"像……一样",但「…とおりに」和「…ように」多用于口语,而「ごとく(ごとき)」则用于书面语,且表达上偏古语,因此常用于惯用句。「ように」主要用于比喻或者列举来说明动作的状况或者人事物的状态。「どおりに」表示动作主体按照接收内容或者指示要求进行某种行为。

❶ 私の指示(しじ)どおりにやらなかったからこんなことになったんだろう。

没有按照我的指示去做,所以才会变成这样吧。

❷ トムさんは中国人のように中国語を上手に話している。

汤姆中文讲得像中国人一样好。

❸ あの人は、コンピュータのように計算が速い。

那个人算得像计算机那样快。

❹ 汗が滝(たき)のごとく流れ出る。

汗流如瀑。

❺ 光陰(こういん)矢(や)のごとし。

光阴似箭。

Y

142【要是……的话】

…なら

(もし)…たら

…ものなら

解释

表示假定关系的条件从句,即如果前项条件成立,就会发生后项的行为或产生后项的结果。

例句

❶ 要是感冒的话,还是早点回家休息比较好。

風邪なら早く帰って休んだほうがいいよ。

❷ 要是那么讨厌你男朋友,干脆分手好了。

そんなに彼氏のことが嫌いなら分かれたらいい。

❸ 要是下雨了,帮我收一下衣服啊。

もし雨が降ってきたら、洗濯物を取り込んでおいてね。

❹ 若是晚 1 分钟发现,那么后果不堪设想。

もし気がつくのが1 分でも遅かったら、どんなことになるか想像もできないだろう。

❺ 要是能见到初恋的话,很想见一面。

初恋(はつこい)の相手に会えるものなら一度会ってみたい。

❻ 昨天的演唱会,要是能去的话我很想去的,但因为下大雨没去成。

昨日のライブ、行けるものなら行きたかったが大雨で行けなかった。

注意

「ものなら」往往表示实现的可能性非常小或者很难实现的愿望或者期待,大多接在动词可能态的后面。另外,「ものなら」还有表示挑衅的用法,口语可约音成「もんなら」。

❶ あの辺りの高級住宅街に住めるものなら一度は住んでみたい。

要是能住在那附近的高级住宅街的话，真想住一次。

❷ 元彼氏のことを忘れられるものなら早く忘れたいけど、すぐには無理だ。

要是能忘了前男友我早就想忘了，但是一下子做不到。

❸ 会社を作る？作れるものなら作ってみなよ。ビジネスはそんなに簡単なものじゃないよ。

开公司？你要能行你就去开。生意可不是那么简单就能做的。

❹ どうぞ、できるもんならしてみろ。

要是你敢，你就试试看啊。

143 【要是……就好了】

…ば(たら、と)いい(なあ)

…ないかなあ

…がいい

解释

表示说话人的愿望或者需求，期待进行某种行为或期待某事发生。

例句

❶ 要是能做跟日语有关的兼职就好了。

日本語に関するアルバイトでもできればいいなあ。

❷ 要是在交流会能够交到很多朋友就好了。

交流会で、たくさん友達ができるといいなあ。

❸ 这栋公寓房租的确便宜，但是周围施工很吵。要是再安静点就好了。

このマンションは家賃が安いのはいいけど、周辺が工事でうるさいんだ。もう少し静かだったらいいなあ。

❹ 但愿今晚能做个好梦。

今夜いい夢が見られないかなあ。

❺ 要是儿子能考上一流大学就好了。

息子が一流大学に入ってくれないかなあ。

❻ 你这家伙，坏事干尽，哪天被警察抓了就好了。

悪いことばかりして、お前なんか、そのうち警察に捕(つか)まるがいいよ。

注意

前两个句型常用于自言自语，表示说话者的希望或者愿望。「……がいい」则多用于对对方的谴责、忠告或者轻蔑。此外，「……がいい」还可以表示放任的语义。

❶ 僕のレポート、いい評価(ひょうか)がもらえるといいなあ。
要是我的报告能够得到好评就好了。

❷ そんな愚かな夢は早く覚めるがいい。
你最好早日从这种愚蠢的梦里醒过来。

❸ 好きにするがいい/勝手にするがいい。
随你的便。

144 【也不是不……】

…ないことはない
…ない(もの)でもない

解释

表示虽然并非全面肯定，但是也可以那样理解，表达说话者对断定有所保留之意。

例句

❶ 也不是不想去旅游，就是有点感冒了，不太舒服。
旅行に行きたくないことはないが、ちょっと風邪を引いて、体調が悪いので。

❷ 也不是不可以借钱给你，但是你必须得还哟。
お金を貸さないことはないけど、必ず返してね。

❸ 也不是不明白父亲的心情，但是还是希望他不要动不动就发火。
父の気持ちは分からないでもないけど、すぐに怒鳴るのはやめて欲しい。

❹ 咖啡也不是不能喝，但是不太喜欢。
コーヒーは飲まないものでもないが、あまり好きではない。

❺ 如果你好好道歉，我也不是不能原谅你。
きちんと謝ってさえくれれば、許してやらないものでもない。

注意

「…ないことはない」和「…ない(もの)でもない」二者可以互换。两个句型常接续动词的可能态。

❶ やる気があれば、できないことはない。

只要想做，也不是办不到。

❷ チャーハンは作れないでもないけど、おいしいかどうかはわからない。

炒饭也不是不会做，但是好不好吃就不知道了。

145 【也许……】

…かもしれない

…かもわからない

…かねない

解释

表示一种假设或者猜测，即存在某种可能性，表达说话者的判断或者推测。

例句

❶ 峨眉山山顶气温可能比较低，最好带一件大衣。

峨眉山の頂上(ちょうじょう)は温度が低いかもしれないから、コートを持っていったほうがいいですよ。

❷ 照这个天色来看，下午可能会下雨。

この空模様(そらもよう)から見れば、午後、雨が降るかもしれない。

❸ 给他手机打电话也打不通，可能手机没电了。

携帯に電話をかけても連絡が取れない。電源が切れたのかもしれない。

❹ 我同事木村也可能会来，提前准备点他最爱吃的炸鸡块吧。

同僚の木村さんも来るかもわからないから、かれの大好物(だいこうぶつ)のから揚げも用意しておこう。

❺ 假如外务省官员发言涉及种族歧视的话，有可能会引发国际问题。

外務省(がいむしょう)役員(やくいん)の人種差別発言(じんしゅさべつはつげん)なら、国際問題を引き起こしかねない。

❻ 如果在日本大城市新冠肺炎流行开来，可能会引发混乱。

日本の大都市で新型コロナウイルス感染症が流行したら、混乱（こんらん）を引き起こしかねない。

注意

「…かもわからない」表示可能性时，意思虽然与「…かもしれない」相同，但是不常用。另外，它还可以表示“连……都不清楚”之意。「…かねない」往往蕴含结果不好的语义，使用时要注意。

❶ 子どもが今一体どこにいるのかもわからないなんて。君、母親としてあまり失格（しっかく）するんじゃないか。

你连孩子现在到底在哪儿都不知道。作为母亲，你是不是太失职了？

❷ 飲酒運転は事故を起こしかねないから、お酒を飲んだ場合、絶対運転してはいけない。

酒后驾车可能引发交通事故，因此喝了酒之后绝不可以开车。

❸ 工場はしばらく生産再開のめどが立たない。このままだと、原料のサプライが足りなくなり、わが社は潰れかねない。

工厂暂时没有复工的可能。照这样下去，原料供应不足，我们公司可能会倒闭。

146 【一……就……】

…やいなや

…たとたん(に)

…そばから

…が早いか

解释

表示一旦出现前项所述条件，就会产生后项结果。前后两件事情往往相继发生且间隔时间很短。

例句

❶ 宝宝一看到妈妈的脸，就哇的一声大声哭起来。

赤ちゃんはお母さんの顔を見るやいなや、わあと大きな声で泣き出した。

❷ 我一打开家门，就倒在了门口。

私は家のドアを開けるやいなや、玄関のところで倒れてしまった。

③ 老师一清嗓子，教室就安静下来了。

先生は咳払(せきばら)いをしたとたんに、教室は静かになった。

④ 诺贝尔文学奖得主发言一结束，全场就响起热烈的掌声。

ノーベル文学賞受賞者のスピーチが終わったとたん、会場から大きな拍手(はくしゅ)が起こった。

⑤ 纯子好像喜欢玩积木。我每次刚一堆好，她立马给我推倒。

純子ちゃんはブロックで遊ぶのが好きみたいだ。私がブロックを積(つ)んだそばから壊していく。

⑥ 工资刚一发，就没了。

お給料はもらったそばから、なくなっていく。

⑦ 铃声一响，学生们就从教室飞奔出去了。

チャイムが鳴るが早いか、生徒たちは教室を飛び出していった。

⑧ 一回到家把包放到门口后，又跑出去了。

家へ帰ってかばんを玄関に置くが早いか、また飛び出していった。

注意

以上句型都只能用于陈述过去的事项。「…やいなや」一般常用于书面语。「…たとたん(に)」后项往往可以表示说话人惊讶或者出乎意料的语感。「…そばから」后项多为负面的事项，表示只要出现前项所述情况，就会发生后项的结果。「…が早いか」多用于书面语，强调前后两项动作几乎同时发生，后项需要接续表示意志的动词。单独用「や」也可以表示"一……就……"这个语义。

① アイドルグループ「嵐」のライブのチケットが発売(はつばい)されるやいなや、売り切れてしまった。

偶像团体"岚"的演唱会门票一经销售，立马售罄。

② ずっと本を読んでいて急に立ち上がったとたん、めまいがしました。

一直看书，猛地一站起来，马上感觉头晕。

③ このごろ、記憶力(きおくりょく)が衰(おとろ)えているみたい。見たそばから忘れてしまう。

最近记忆力好像衰退了。刚看过就忘了。

④ 家を出るやいなや/出たとたん、雨が降り出した。

一出门就下起了雨。(「降る」属于非意志性动词，所以不能用「が早いか」）

❺ 彼女はその言葉を聞くが早いか、泣き出してしまった。

她一听到这句话，就哭了起来。

❻ 純子は部屋に入ってくるや、「ああ、暑いなあ」と言ってエアコンをつけた。

纯子一进屋，边说着“啊，好热”边打开了空调。

❼ ホームに着くや、特急電車が来た。

我一到站台，特快列车就到站了。

147 【一边……一边……】

…ながら

…つつ

…かたわら

解释

表示两个动作同时进行，或者两个行为同时发生。

例句

❶ 一边用 PPT 播放幻灯片，一边做展示。

パワーポイントのスライドを見せながらプレゼンテーションをしました。

❷ 孩子边哭边跟在妈妈身后走着。

子どもは泣きながら、お母さんの後について歩いた。

❸ 一边看手机一边驾驶的行为违反交通规则，为法律所禁止。

スマホを見ながら運転するのは交通違反(こうつういはん)で、法律(ほうりつ)で禁止されている。

❹ 一边考虑经济的走向，一边决定今后的方针。

景気の動向を考慮(こうりょ)しつつ、今後の方針(ほうしん)を決定する。

❺ 这条街上的人们，一边相互帮助，一边过着平和宁静的生活。

この町の人々は、お互いに助け合いつつ、平和に暮らしている。

❻ 他一边在银行工作，一边作为音乐家活跃在舞台。

彼は銀行に勤めるかたわら、ミュージシャンとして活躍(かつやく)した。

❼ 她一边育儿，一边在网上学习心理学。
彼女は育児のかたわら、ネットで心理学の勉強をしている。

注意

「…ながら」「…つつ」都表示同一时间内，同时做两个事情，前后项必须为同一主体；文体感觉上，「…つつ」比「…ながら」更为生硬些。另外，这两个句型都可以表示逆接，即前后两项为转折关系。「…かたわら」指的是在本职工作或者主业之外，同时兼做其他事情。

❶ 今は会社に勤めながら/つつ、プログラミングを独学で勉強している。
现在一边在公司上班，一边自学编程。

❷ 田中さんは本当のことを知っていながら、何も話してくれなかった。
田中虽然知道真相，却什么也没跟我说。

❸ すばらしい才能を持っていながら、発揮(はっき)するチャンスに恵(めぐ)まれない人も少なくない。
很多人虽然拥有卓越的才华，但是缺少发挥才华的机遇。

❹ ジムへ行ってダイエットしようと思いつつ、時間があると、つい家でごろごろしてしまう。
虽然想着要去健身房减肥，但是一有时间就在家里闲待着。

❺ 卒業論文の締(し)め切(き)りが近いと知りつつ、ネットで何時間もサーフィンしてしまった。
虽然知道毕业论文截止日期马上到了，但是还是上网冲浪好几个小时。

❻ あの喫茶店の主人は商売(しょうばい)のかたわら、小説を書いているそうだ。
据说那家咖啡店老板一边做生意，一边写小说。

❼ マリーさんは日本語学校で日本語を学ぶかたわら、時間があるときは国の友達にスカイプで日本語を教えている。
玛丽一边在日语学校学习日语，有时间的时候也用 Skype 教她国内的朋友日语。

148 【一点也不……】

一向に…ない
一切…ない

まったく…ない

解释

表示完全否定，即某种情况几乎没有存在或发生的可能性。

例句

❶ 那部电影的主角，哪怕全身是伤，一点也不在意。

その映画の主人公は、体中（からだじゅう）に怪我をしても、一向に気にしなかった。

❷ 他们在说什么，我们一点也听不懂。

彼らが何を話しているのか、私たちには一向にわからなかった。

❸ 自从开始减肥，甜食一点也不吃了。

ダイエットを始めてから、一切甘いものを食べていない。

❹ 妻子家务活儿一点儿也不干，成天就在家看韩剧。

妻は、家事を一切しないで、いつも家で韓国ドラマを見ている。

❺ 和她根本没有任何关系。

彼女とは全く何の關係もない。

注意

「一向に」后续否定，表示事与愿违，结果与期待不相符合，有一种难以置信之感，常常与「ても」搭配使用。「一切…ない」表示否定事情的全部，还可以与名词搭配使用，「いっさい＋の…ない」。「まったく…ない」虽然也表示否定，但可用于积极正面的评价。

❶ 彼の足の怪我は、一ヶ月経っても、一向によくならなかった。

他的脚伤过了一个月，一点儿也没有好转。

❷ 数日たっても、一向に熱が下がる様子はなく、静かに寝ているしかなかった。

过了好多天，一点也没有退烧的迹象，只能躺着静养。

❸ 品質の良い製品を作るためなら一切の妥協（だきょう）を許さない。

为了生产高品质的产品，丝毫也不妥协。

❹ あのアイドルグループは、来年の1月から一切の活動を休止（きゅうし）するそうだ。

据说，那个偶像团体从明年1月开始停止一切活动。

❺ フィギュアスケートの羽生選手はフォームがまったく文句をつけようのない美しさだ。

花样滑冰选手羽生的姿势真是优美到无可挑剔。

⑥ ピアニストの郎朗さんのパフォーマンスはまったく申(もう)し分(ぶん)のない演奏だ。

钢琴家郎朗的演奏绝对无可挑剔。

149 【一定……】

…に違いない

…に相違ない

…に決まっている

解释

表示坚决或确定无疑之意。说话人凭借某种依据,进行有把握的推测。

例句

① 这儿一定有人来过。

ここはきっとだれかが来たに違いない。

② 他身体一定很好。

彼はきっと体が丈夫に違いない。

③ 真相只有一个,嫌疑人肯定是他。

真実はいつも一つ。容疑者(ようぎしゃ)はあいつに相違ない。

④ 这家公司新成立,年轻人也多,只要努力一定可以早日升职。

この会社は新しくできたし、若い人が多いから、頑張れば早く昇進(しょうしん)できるに相違ない。

⑤ 别在那里说好热什么的,夏天肯定热啊。

暑い暑いと言うな。夏は暑いに決まっている。

⑥ 乱丢垃圾的一定是那小子。

ゴミのポイ捨て、あの坊やに決まっている。

注意

「…に違いない」虽然不能完全断定那就是事实,但说话人坚信那是真的,所以前项常出现表示推测的依据,常用于自我解释、确认等自言自语的场合。「…に決まっている」表示说话人带有自信的推测,几乎接近于断定。

① あんな素晴らしい車に乗っているのだから、木村さんは金持ちに違い

ない。

木村开着那么好的车，他一定是个有钱人。

❷ あそこにかかっている絵は素晴らしい。値段も高いに違いない。

那里挂着的那幅画特别漂亮。价格一定也很高。

❸ 新入社員の山田さんは薬指に指輪をしているから、結婚しているに違いない。

新员工山田无名指带着戒指，所以她肯定已经结婚了。

❹ 雄介は飛行機に間に合えるかしら。30分も遅く出発して、今大渋滞（だいじゅうたい）しているから、きっと乗り遅れるに決まっている。どうしよう。

不知道雄介能不能赶上飞机啊。晚了半小时出发，现在又很堵车，肯定赶不上了，怎么办啊。

150 【一方面……】

…一方

…反面

解释

连接并列的两种相互关联的事物，或一个事物的两个方面，表示两种情况并列存在之意。

例句

❶ 有的国家为防止出生率下降而努力，而另一方面，也有国家为人口增长而烦恼。

出生率（しゅっせいりつ）の低下（ていか）を食（く）い止（と）めようとしている国がある一方、人口の増加に悩む国もある。

❷ 他一面说着全力配合协助，可是真的有什么拜托他，就总是拒绝说自己太忙。

彼は全面的に協力すると言う一方、こちらが何か頼んでも忙しいからと言って断ってくる。

❸ 这种药虽然疗效好，但另一方面存在副作用。

この薬はよく効く反面、副作用（ふくさよう）が出てくる場合もある。

❹ 在国外的生活，既有喜悦，同时另一方面也有很多担心。

海外での生活は、楽しみでもあり、またその反面心配も多い。

❺ 网络很便利，另一方面也存在危险。

インターネットは便利な反面、危険性もある。

注意

表示两方面的对比时，可以使用「一方では、他方では」这个句型。另外「反面」还可写作「半面」。

❶ 木村さんは一方では女性の社会進出（しんしゅつ）は喜ぶべきだと言い、他方では女子社員は早く結婚して退職したほうがいいと言う。

木村一方面说女性走上社会是一件值得高兴的事，但另一方面又说女员工最好早点结婚离职。

❷ 花子さんは気が強い半面、涙もろいところもある。

花子既有坚强的一面，也有脆弱爱哭的一面。

151 【一直(一个劲儿)……】

…ばかりだ

…一方だ

解释

表示不停地持续下去，即某种状态向着一个方向不断发展变化。

例句

❶ 虽然好好吃药、休息，但是病情却一直恶化。

薬を飲んでゆっくり休んでいるのに、症状は悪くなるばかりだ。

❷ 进入社会后，运动的机会减少了，体重一直增加。

社会人になってから、運動する機会が減ったので、体重（たいじゅう）は増えるばかりだ。

❸ 工作越来越忙，照这样下去总有一天会累倒。

仕事は忙しくなる一方で、このままだといつかは倒れてしまいそうだ。

❹ 如果不锻炼，运动能力就会持续下降。

トレーニングしないと運動能力は落ちていく一方だ。

注意

两者都可以表示状况朝着某个方向不断发展，表示不好的变化时，二者可以互换。其区别在于「ばかりだ」只能用于事情向不好的方向变化，而「一方だ」既可以用于好的变化，也可以用于不好的变化，或者中立的变化。

❶ 雨は強くなるばかりで/一方で、やみそうにない。
雨越下越大，没有停的迹象。

❷ 不景気で生活はますます苦しくなるばかりだ/一方だ。
由于经济不景气，人们的生活越来越艰难。

❸ 李さんは毎日真面目に勉強しているので、成績は上がる一方だ。
小李每天认真学习，所以成绩不断提高。

❹ 情報化社会の中で、マスメディアの役割は大きくなる一方だ。
在信息化社会中，大众传媒的作用不断增强。

152 【以……为基础(首、中心)】

…を基に(して)
…を始め
…を中心に

解释

“以”是介词，“以……”组成介词结构，作动词“为”的状语。“以……为”相当于“用……做”“把……当作”之意。

例句

❶ 以数据为基准，商讨购买哪家公司的股票。

データを基にどの会社の株を購入(こうにゅう)するか検討する。

❷ 这本小说以真实事件为素材创作。

この小説は実話(じつわ)を基にして書かれたそうだ。

❸ 此次撰写毕业论文，承蒙山梨老师以及各位的关照。

卒業論文の執筆(しっぴつ)では、山梨先生を始め、たくさんの方にお世話になった。

❹ 木村对茶道及花道、书法之类各种传统充满兴趣。

木村さんは、茶道を始め、華道(かどう)や、書道(しょどう)など、様々な伝統的なものに趣味がある。

❺ 地球以太阳为中心旋转(地球围着太阳转)。

地球は太陽を中心に回っている。

❻ 以《哆啦 A 梦》和《名侦探柯南》为中心，日本的动画在全世界深受欢迎。
『ドラえもん』や『名探偵コナン』を中心に日本のアニメは世界中で人気がある。

注意

「…を基に」表示做某项决断时的参照基准。「…を始め」一般在前项举出最有代表性或者最重要的一个，后续列举同类事物，表示以某事或者某物在时间或者空间中，居于中心的位置或者发挥重要的作用之意。另外，修饰名词时，用「…を中心とする」作定语。

❶ このグラフは統計(とうけい)情報を基に作成(さくせい)されている。
这个表格以统计信息为基础制成。

❷ 本店はラーメンを始めとして、デザート、おつまみなども幅広(はばひろ)くご提供しておる。
本店为您提供拉面、甜点和各类小吃等品类丰富的选择。

❸ 駅や空港、商業施設(しょうぎょうしせつ)、コンビニなどの公共施設(こうきょうしせつ)を中心に無料 WiFi が設置(せっち)されてきている。
以车站、机场、商业设施、便利店等公共设施为中心，设置了免费 WiFi。

❹ ジャニーズのコンサートには若者を中心に5 万人が集まった。
杰尼斯的演唱会以年轻人为主，聚集了 5 万人。

❺ 野菜を中心とした食事に変えたほうがいいよ。
最好改成以蔬菜为中心的饮食习惯。

153 【以……为契机】

…をきっかけに(して)/として
…を契機に(して)/として
…を機に

解释

借由某个机会或者节点发生相应的改变，且往往指事物发展过程中的关键、枢纽或决定性的环节。

例句

❶ 两人在朋友婚礼上相遇，以此为契机开始了交往。

友人の結婚式での出会いをきっかけに、二人の交際（こうさい）が始まった。

❷ 日本以奥运会为契机，迈出了经济高速增长的第一步。

オリンピックをきっかけとして、日本は高度経済成長への一歩を踏（ふ）み出（だ）した。

❸ 以退休为契机离开了城市，开始了在乡村自由自在的生活。

定年退職を契機に都会を離れ、田舎（いなか）でのんびりした生活を始めた。

❹ 以生病为契机，把烟酒都戒了。

病気になったのを契機に、酒もタバコもやめた。

❺ 手机坏了，但是修反而贵，所以打算趁着这个机会买部新的。

スマホが壊れたが、修理すると逆（ぎゃく）に高いので、これを機に新しいのを買うつもりだ。

❻ 听说以生孩子和育儿为契机离职的女性增加了。

出産（しゅっさん）や育児（いくじ）を機に離職（りしょく）する女性が増えているという。

注意

「…を機に」「を契機に」一般可以跟「…をきっかけに」互换，但是「…をきっかけに」多用于口语，而「…を機に」「…を契機に」则相对比较生硬、正式。另外，「…を契機に」常常表示以某一事件为转机，发生变化之意。

❶ 彼女は失恋をきっかけに髪を短く切った。

她借失恋之机，把头发剪短了。

❷ テロ事件を契機/を機に、空港等のチェックが厳しくなった。

以恐怖事件为转机，机场等安检更为严格。

154 【以……为限】

…を最後として

…を限りに

…をもって

解释

表示将某个时间点设定为节点，下定某种决心或进行某种活动。

例句

❶ 我决定以今天为界，戒烟戒酒。

今日を最後としてタバコとお酒をやめることにした。

❷ 谢谢各位歌迷一直以来的关心。我们团队今天解散。

ファンの皆さん、今までありがとうございました。私たちのグループは今日を限りに解散する。

❸ 今天开始我保证绝不再撒谎了。请原谅！

今日を限りに二度と嘘(うそ)をつかないと約束する。だから許してください。

❹ 为了减肥，从今天开始，一律不吃任何甜食。

ダイエットのため、今日を限りに甘いものは一切食べない。

❺ 到 4 月我就退休了。感谢各位一直以来的关照。

4 月をもって、定年退職することになった。皆様、本当に今までお世話になった。

❻ 至 12 月 31 日，本店关门不再营业。谢谢各位这么长时间的惠顾。

12 月 31 日をもって、当店(とうてん)は閉店(へいてん)することとなりました。長い間ありがとうございました。

注意

「…を限りに」「…をもって」接在具体的日期后面，表示以这个时间点为界，进行某项动作或者做出某种决定。区别在于「…をもって」更为正式。「…を限りに」还可以替换成「…限りで」。

❶ 太ってきたので今日を限りに暴飲暴食(ぼういんぼうしょく)を止める。

因为长胖了，所以从今天开始不再暴饮暴食。

❷ 今週末の3 月 12 日をもって、応募(おうぼ)は締(し)め切(き)りになる。

以本周末 3 月 12 日为界，报名截止。

❸ 今月限りで、私はこの会社を退職いたする。

以这个月为最后期限，我将离职。

❹ 田中選手は今シーズン限りで引退(いんたい)するそうだ。

据说田中选手到本赛季为止，即将引退。

155【应该……】

…べきだ

…はずだ

…わけだ

解释

表示情理上必然或必须如此，同时也可以表达说话者的推测或者理解之意。

例句

❶ 真正烦恼的时候不要一个人忍耐，应该找朋友和家人商量。

本当に困っている時は一人で抱え込まず、友達や家族に相談すべきだ。

❷ 如果你想要日语更加精进，那就应该多跟日本人交谈来学习日语。

日本語がもっと上手になりたいのなら、もっと日本人と会話をしたり、日本語を勉強すべきだよ。

❸ 最近用智能手机或者 iPad 玩游戏的孩子增多了，但我认为孩子还是应该在户外玩耍。

最近はスマホやiPadで遊ぶ子が増えたが、子供がやはり外で遊ぶべきだと思う。

❹ 那家餐馆门口经常排队，味道应该很好吃。

あのレストランはいつも人が並んでいるから美味しいはずだ。

❺ 今天是节假日，银行应该没开门。

今日は祝日なので、銀行は閉まっているはずだ。

❻ A：听说玛丽原来当过模特。

B：难怪身材那么好。

A：マリーさんって、以前モデルをしていたんだって。

B：なるほど。それでスタイルがいいわけだ。

❼ A：今天好像是年末促销的第一天。

B：所以才这么多人。

A：今日は年末セールの初日らしいよ。

B：それで、こんなに人が多いわけだ。

注意

「べきだ」表示从常识或者道德上讲，理所应当做某事。否定形为「べきではない」。「はずだ」则是基于事实或者状况进行判断，得出某种结论。「わけだ」表

示根据某种情况或者背景，理所当然得出某种让人接纳的原因。

❶ 人に迷惑をかけたのなら、きちんと謝(あやま)るべきだよ。
如果给人添了麻烦，就应该好好道歉。

❷ 人の悪口(わるくち)は言うべきではないよ。
不应该说别人的坏话。

❸ 徐さんは20年以上、日本に住んでいるので日本語が上手なはずだ。
徐先生在日本待了20多年，日语应该很好。

❹ A：今年は台風や大雨のせいで、農作物(のうさくぶつ)の被害が大きかったらしいよ。
B：通りで野菜の値段が上がっているわけだ。
A：据说今年由于受台风和暴雨的影响，农作物损害很大呢。
B：难怪蔬菜价格上涨了呢。

156 【应该……但是……】

…たはずだ/はずだった
…べきだった

解释

表示虽然情理上需要做某事，但实际未采取相应行动；也可以表达说话者的记忆与结果不一致。

例句

❶ 这个语法老师上周应该讲过，但是记不住。
その文法は先週先生が教えてくれたはずだが、覚えられない。

❷ 这部小说我中学时候应该读过，但是完全忘了。
この小説は中学校時代読んだはずだが、すっかり忘れてしまった。

❸ 本来部长也要参加今天这个会的，但是临时有急事，没法参加了。
部長も今日の会議に出席するはずだったが、急用があって出席できなかった。

❹ 有个新入职的员工进公司2个月就离职了。我当时应该更加耐心指导他的。
新入社員の一人が入社2ヶ月で退職(たいしょく)してしまった。もっと優しく指導(しどう)すべきだった。

⑤ 现在想起来，大学时期我们应该更加努力。

今考えると、大学時代、私たちがもっと頑張るべきだった。

注意

「はずだった」表示说话人记忆中或者认知上以为如此，但是实际上结果却与认为的不同，多含有意外或者失望等心情，后面常常接续「が」「けれど」「のに」等表示转折、逆接的词。「…べきだった」则是表示对过去发生事情的后悔或者反悔，表明道德上或者情感上应该做某事，但实际却没有做。经常使用「…ておくべきだった」。否定形为「…べきではなかった」。

① 楽しい忘年会になるはずだったのに、あいつのせいで、台無し(だいな)になった。

本来忘年会应该是很开心的，都怪他，一切都毁了。

② もっと早くゼミに参加をしておくべきだったと後悔している。

后悔应该早点参加研讨会。

③ 親が生きているうちにもっと親孝行(おやこうこう)するべきだったと後悔している。

我很后悔，父母在世的时候应该更加孝敬他们的。

④ 夜にホラー映画なんて見るべきではなかった。怖くて寝られないしトイレにも行けない。

我不应该在晚上看恐怖电影的。怕得睡不着，厕所也不敢去。

157 【有关……】

…について

…に関して/に関する

…をめぐって

…に関わる

解释

表示关涉或者相关的内容，有提示的用法。

例句

① 我下周就日本与本国文化、习惯的差异做一个发表。

日本と私の国の文化や習慣の違いについて、来週発表することになった。

❷ 为了写报告，现在正在查阅日本历史相关的内容。

レポートを書くために日本の歴史について調べている。

❸ 关于事件的真相，我们仍在调查中。

事件の真相に関して、現在も調査中でございる。

❹ 有关商品的询问，请您联系这个邮箱地址。

商品(しょうひん)に関するお問(と)い合(あ)わせはこちらのメールアドレスへご連絡ください。

❺ 太郎和次郎围绕电视频道问题争论不休。

太郎君と次郎君がテレビのチャンネルをめぐって言い争っている。

❻ 居民和开发商就公寓的修建计划问题进行协商。

住民と建設会社がマンションの建設計画をめぐって話し合っている。

❼ 保护隐私是关乎人权的重要问题。

プライバシーを守るということは人権(じんけん)に関わる大切な問題である。

❽ 这是关乎生死的重要问题，请慎重考虑。

これは生死(せいし)に関わる大事な問題だから、慎重に考えてください。

注意

前两项都表示谈论某一话题，「…に関して」比「…について」语气略微生硬，所以多用于比较正式的场合。日常口语中一般用「…について」。此外，当两项选择二选一的时候，一般多用「…について」，若使用「…に関して」则句子表达不太自然。「…をめぐって」表示以某件事为中心，围绕它进行讨论、商议或者争执，所以前面的名词一般表示议论或者谈论的话题。「…に関わる」前接名词表示不只简单存在相关性，而往往能造成重大影响。

❶ 山梨教授は認知言語学(にんちげんごがく)に関して、特別講義(とくべつこうぎ)をしてくださいました。

山梨教授就认知语言学做了特别演讲。

❷ 就職するか、大学院に入るかについて先輩に相談した。

关于到底是就业还是考研的问题，我找前辈商量了。

❸ 後任社長の人事をめぐって、社内の対立が一段と激しくなった。

围绕继任总经理的人事任免问题，公司内部的对立更加激烈了。

❹ 国会ではこの法案の是非をめぐって、議論が続けられている。

国会围绕这项法案的是非，讨论还在继续。

❺ 教育こそは中国の将来に関わる重要なことだと思う。

我认为，唯有教育才是事关中国未来的重要方面。

158 【与其……不如……】

…より、むしろ…

…より、ほうが…

…より、むしろ…ほうが…

解释

用于两项事物相比较的选择复句。表示与前项相比，后项更加接近或者更为恰当。

例句

❶ 与其每晚熬夜学习，倒不如早点睡觉，让头脑和身体得到休息，效率更高。
每晩遅くまで勉強するより、むしろ早く寝てしっかり頭と体を休めたほうが、効率（こうりつ）がいい。

❷ 对重庆人而言，在炎热的夏天，与其待在空调房，倒不如吃着麻辣火锅、大汗淋漓来得舒服。
重慶の人にとって、蒸し暑い夏には、クーラーの部屋で過ごすより、むしろ辛い火鍋（ひなべ）を食べて、汗いっぱいかいたほうが気持ちがいい。

❸ 学校很近，与其坐车，不如走着去方便。
学校は近いから、バスに乗るより歩いていったほうが便利だ。

❹ 由于通信技术的进步，比起直接见面，不如用微信或者手机联络更高效。
通信技術の進歩のおかげで、直接会うより、むしろウィーチャットや携帯で連絡したほうが効率が高い。

❺ 如果想做，与其准备好再做，不如马上着手。
やりたいなら、準備ができてからやるより、今すぐやったほうがいい。

注意

「より」前面如果加上「という」则构成「というより、むしろ…」，意为“与其说……不如说”。表示对客观状况的判断或者见解，较之前项说法，后项更加符合自己的判断。另外，用于比较的前项「より」可省略，读者可以通过上下文或者常识进行推断。此外，「むしろ」作为副词单独使用，可以用于敬语表达。

❶ 母はいつも厳しい人だから、急に優しくなるとうれしいというより、むしろこわい。
妈妈一向严格，突然温柔起来，与其说是开心，不如说我感到害怕。

❷ 俳優のAさんはきれいというより、むしろかわいいという感じだね。

演员 A 小姐与其说是漂亮，不如说是可爱。

❸ 仕事といえば、むしろ田中さんの方がしっかりしている。

说到工作，那不如说田中更靠谱些。

❹ 大変申し訳ございません。お詫びしなければならないのはむしろ弊社（へいしゃ）のほうです。

非常抱歉！应该致歉的是我们公司才对。

159 【越……越……】

…ば…ほど

…ほど

…一方だ

解释

表示随着一方程度的提高，另一方也相应提高；程度随着时间的推移而不断发展或变化。

例句

❶ 无论是乐器还是运动，越练习就会越好。

楽器であれスポーツであれ、練習すれば練習するほど上手になるものだ。

❷ 商务邮件越早回复越好。

ビジネスにおいて、メールの返事は早ければ早いほど良い。

❸ 说明的时候尽量少用艰深的专业术语，越简单越好。

説明の際（さい）は、難しい専門用語はできるだけ避けていただき、簡単であればあるほどいい。

❹ 越是认真的人，越容易有精神压力。

まじめな人ほどストレスがたまる。

❺ 上等的葡萄酒，年代越久味道越醇。

上等のワインは古くなるほどうまくなる。

❻ 离车站越近房租越贵。

駅に近いほど、家賃は高くなる。

注意

一般来说，前后两项成正比例相关。但是，「ば…ほど」还可以表示与预想成反比例变化的情况。

❶ 眠ろうとすればするほど目がさえてくる。

越想睡越睡不着。（越想睡反而越清醒。）

❷ この問題はかなり複雑で、考えれば考えるほどわからなくなる。

这个问题很复杂，越想越不明白。

❸ この論文は一体何を言いたいのか。読めば読むほど分からなくなってしまう。

这篇论文到底想说什么，越读越搞不明白。

Z

160 【在……之后】

…てから

…あとで

…あとに

…上で/上の

解释

表示在时间上的相继关系,事件发生的先后顺序,即一件事发生在前,另一件事发生在后。

例句

❶ 今天早上在学校食堂吃了饭之后,就去了图书馆。

今朝、大学の食堂で朝食を取ってから、図書館に行った。

❷ 跟男友分手之后才终于明白了他的好。

彼氏と別れてから、彼の優しさがやっと分かった。

❸ 一向健康的父亲退休之后就生病了。

元気だった父は退職のあとで、病気になった。

❹ 如果还有同学有不明白的地方,下课之后来问我。

まだわからないところのある人は、講義のあとで質問に来てください。

❺ 看完那部电影之后,咱们再去哪儿兜兜风吧。

あの映画を見たあとに、またどこかへドライブに行こう。

❻ 详细情况在见到您之后再进行说明。

詳しいことはお目にかかった上で、ご説明いたする。

❼ 请在认真阅读注意事项后,填写申请表。

注意事項をよく読んだ上で、申込書に記入してください。

❽ 请您在网络申请之后,再支付费用。

インターネットでお申し込みの上で、費用をお支払いください。

⑨ 这是我考虑了一晚上之后的决定，不会再改变心意了。

これは一晩考えた上の決心だから、気持ちが変わることはない。

注意

「あとで」表示一个动作结束之后紧接着发生第二个动作。前后两项多为同一主体，且动作之间有一定的时间间隔。后项一般为客观叙述的内容，不用于主观意志。「あとに」主要表示两项动作不是紧接着发生的，它强调的是顺序。前后两项主体可以相同，也可以不同。

「てから」不能用于前后关系极为明确或理所当然的情况。「上で」不是单纯表示两项行为或者动作相继发生，更多强调在前项内容的基础上，进行后项的行为。此外，「上で」须接续意志动词，如果前项动词为非意志性动词，则要用「てから」。

① 電車を降りたあとで、傘を忘れたことに気づいた。

我下了电车之后，就发现自己把伞忘电车上了。

② 兄が結婚したあとに、妹が大学に入った。

哥哥结婚之后，妹妹也上了大学。

③ パーティーが終わり、みんなが帰ってしまったあとに、寂しい気持ちに襲われる。

大家全都回家之后，一阵孤寂感向我涌来。

④ 宿題を全部やってからスマホでゲームをする。

作业全做完之后，用手机玩游戏。

⑤ ドアを開けて、家に入ります。

开门进了屋。（因为不开门就进不了房间，所以这种理所当然明确的前后关系，不能用「てから」，要用「て」）

⑥ 理解いただいた上でのご参加をお願いする。

希望得到您的理解后，您再参加。

⑦ シートベルト着用のサインが消えてから、シートベルトをお外しください。

请在安全带指示灯熄灭之后取下安全带。

⑧ チャイムが鳴ってから、テストを始めてください。

请在铃响之后开始考试。

161 【在……之时】

…間

…間に

…うちは

…うちに

解释

表示在某个时间范围,主体进行某项动作或者出现某种状态。

❶ 我坐公交的时候一直听着音乐。

バスに乗っている間、ずっと音楽を聴いていた。

❷ 在等好朋友木村的时候,我一直玩着手机游戏。

親友の木村さんを待っている間、スマホでゲームをやっていた。

❸ 在拍照片的时候,钱包被偷了。

写真を撮っている間に、財布を盗(ぬす)まれてしまった。

❹ 在妈妈去买东西的时候,我偷偷把蛋糕吃掉了。

お母さんが買い物に行っている間に、こっそりケーキを食べてしまった。

❺ 爷爷在公司上班的时候还挺年轻的,结果一退休,就一下衰老了。

祖父は会社に勤めているうちは若々しかったが、退職(たいしょく)したあと、老(ふ)け込(こ)んでしまった。

❻ 女儿上高中的时候我感觉生活挺有意义的,但是自从她离开家,上了大学之后,我感觉每天都很空虚。

娘が高校生のうちはわたしも生きがいがあったが、家から出て行ってしまって大学に入ってから毎日が空(むな)しい。

❼ 趁年轻的时候,多去世界各国旅行比较好吧。

若いうちに、いろいろな国を旅(たび)しておくといいだろう。

❽ 趁父母还健康,我想尽可能跟他们多去旅行,多吃美食,留下美好回忆。

両親が元気なうちに、できるだけたくさん旅行したり、おいしいものを食べたりして思い出を作りたい。

注意

「あいだ」表示前项状态持续期间,一直持续发生后项的动作或者状态,所以

强调的是整个期间的持续性，后项句子常与副词「ずっと」搭配使用，且谓语多为「ている」形式结句。「あいだに」则表示动作、状态持续的期间范围内某一时间点发生的事情，而不是整个时间范围，所以后项句子谓语多以短暂性的、一次性发生的行为动词结句。「うちは」与「うちに」的区别也与此类似。「うちは」表示前项持续期间内，后项的动作和状态一直持续，因此后项多以形容词、状态动词结句；而「うちに」则表示在前项持续期间内，完成后项动作。另外，表示在某一期间内发生了某事，既可以用「あいだに」，也可以用「うちに」，但「うちに」含有一种如果不现在做，就会失去机会或者留下遗憾的语感。此外，在惯用句中，二者不可互换。

❶ 木村さんは会議の間、ずっと居眠りをしていた。
木村开会期间一直在打盹儿。

❷ 旅行している間に泥棒（どろぼう）が入った。
去旅行的时候，家里进贼了。

❸ 明るいうちはこのあたりはにぎやかだが、夜になると人通りはなくなった。
白天的时候，这一带很热闹，但是晚上行人就很少了。

❹ 桜が綺麗なうちに花見をしよう。
趁樱花开得漂亮，我们去赏花吧。

❺ おばあさんが生きている間に/うちに、色々な昔の話を聞きたい。
我想在（想趁）奶奶活着的时候，多听听她讲讲过去的事。

❻ 料理ができたよ。温かい間に/うちに食べてね。
饭做好了。趁热吃。

❼ 鉄は熱いうちに打て。
趁热打铁。

162 【怎么也……不……】

どうしても…ない
なかなか…ない
とても…ない
とうてい…ない

解释

表示无论做出何种努力，仍然无法实现某个目标或者达到某种状态。

例句

❶ 怎么也想不起她的名字了，真苦恼。
どうしても彼女の名前が思い出せなくて、困っている。

❷ 做了好几回，但就是这个问题怎么也解答不出来。
何度もやってみたが、この問題だけはどうしても解けなかった。

❸ 在笔记本上写了好多回，但还是始终记不住这个汉字。
何度もノートに書いて練習しているのだが、なかなかこの漢字が覚えられまない。

❹ 我很想买房，但是考虑到现在的经济状况，实在买不起。
マイホームが欲しくても今の経済状況を考えるとなかなか買うことができない。

❺ 我怎么也受不了北京地铁的上班高峰期。
北京の地下鉄の通勤ラッシュにとても耐えられない。

❻ 工资也不涨，还有车贷，这种状况怎么买得起房？
給料は全然上がらないし、車のローンもあるし、とても家なんて買える状況じゃない。

❼ 在那种危险状况下，实在是帮不了他。
あの危ない状況で、彼を助けるなんて、とうていできなかった。

❽ 这个数学问题，小学生无论怎么也解不出来。
この数学の問題は、小学生にはとうてい解くことができない問題だ。

注意

以上句型都表示无法完成某种动作或者达到某种状态，其中「どうしても…ない」难以实现的程度最高，表示想尽各种办法都没法实现。「なかなか…ない」也表示事情不能轻易实现，需要花费时间，而且多为说话人期待实现的事项。另外，「とても…ない」也表示强烈的否定。表示无法实现某事的能力主体时，可以用格助词「に」来标记。「とうてい…ない」表示不论用什么方法都做不到，偏书面语表达。

❶ 中国の男子サッカーチームは昔から韓国チームにどうしても勝てなかった。
中国男子足球队从前怎么也踢不赢韩国队。

❷ 毎日オンライン英会話で25分英語を話しているが、なかなか上手にな

らない。

我每天都在线练习25分钟的英语口语，但是口语水平始终没提高。

③ 明日までに完成させろだなんて、私にはとてもできない。

说是让明天之前完成，但是我做不到。

④ 学術レベルから見れば、うちの大学はオックスフォード大学にはとうてい及ばない。

从学术水平来看，我们学校怎么也比不上牛津大学。

163 【正因为……才……】

…からこそ

…ばこそ

…だけに

…ばかりに

解释

以上句型用于对原因和理由的强调，表示不是因为其他任何原因，而正是由于该原因，才会带来相应的结果。

例句

① 正因为是好朋友，我才能坦诚相告。

親友だからこそ、本当のことを言い出せたのだ。

② 正因为是米其林三星，才能做出这么美味的菜。

ミシュラン三(み)ツ星(ほし)だからこそ、こんなにおいしい料理が作れるものだ。

③ 正因为相信他，才会伸出援手。

彼のことを信じていたからこそ、助けてあげたのだ。

④ 正因为有温暖的家庭，才能忍受工作的艰辛。

温かい家庭があればこそ、辛い仕事も我慢できる。

⑤ 这间公寓正因为离车站近，房租才高。

このマンションは駅が近いだけに家賃も高い。

⑥ 渡边正因为有留学美国的经验，所以英语发音很标准。

渡辺さんは米国での留学経験があるだけに、英語の発音が綺麗だ。

⑦ 正因为没有听取父母的建议，所以惨败。

親のアドバイスを聞き入れなかったばかりに大きな失敗をしてし

まった。

⑧ 正因为相信了田中的话，所以才吃了苦头。

田中さんの言葉を信じたばかりにひどい目にあった。

注意

「からこそ」多接在动词后面；如果接在名词或者形容动词之后，则为「だからこそ」。「だからこそ」可以单独使用，连接前后两句，表示正因为有前项的原因，才会导致后项的结果。「ばかりに」一般用于陈述造成后项不好结果的原因，而且结果往往在说话者的预料之外。

❶ 人一倍に努力してきたからこそ、成功することができた。

正因为比谁都努力，才能成功。

❷「かわいい子に旅をさせよ。」だからこそ、息子が18歳になったら、すぐアルバイトを行かせて、自分の手で学費（がくひ）を稼がせたのだ。

“爱孩子就要让他经风雨见世面。”正因为如此，儿子一满18岁，我就让他去做兼职挣学费。

❸ いろいろ辛い経験があった。だからこそ、今の幸せを大事にするものだ。

正因为吃了很多苦，才会特别珍惜今天的幸福。

❹ 親が反対しているばかりに、彼女と結婚できずにいる。

正因为父母反对，所以没能跟她结婚。

❺ 首になって仕事がないばかりに、妻に馬鹿にされている。

正因为被解雇没有工作，所以被妻子瞧不起。

164【正在……】

…つつある

…ている

解释

表示动作在进行或者状态在持续。

例句

❶ 随着科技的进步，人们的生活正在发生改变。

科学技術の進歩で、人々の生活が変わりつつある。

❷ 由于独生子女政策的影响，中国的老龄化也在不断发展。

一人っ子政策の影響で、中国でも高齢化（こうれいか）が進みつつある。

③ 随着现代化的不断推进，古老的传统与文化也在渐渐消失。
近代化が進む一方で、古い伝統や文化は失われつつある。

④ 田中正在图书室看书。
田中さんは今図書室で本を読んでいる。

⑤ 儿子放学回家后，一直在做作业。
息子は学校から家へ帰ってから、ずっと宿題をやっているよ。

注意

「つつある」「ている」都可以表示动作的持续或者进行。但「つつある」一般用于书面语，语气比「ている」更加正式或者生硬。此外，「つつある」还可以接在动词的否定形后。「ている」如果动词为自动词，则表示结果的存续。

❶ 世界範囲で新型コロナウイルス感染症が流行（はや）りつつある/流行っている。
新冠肺炎正在世界范围流行。

❷ ネットの普及（ふきゅう）に従い、若者は本を読まなくなりつつある。
随着网络的普及，年轻人越来越不爱看书了。

❸ スマホの登場（とうじょう）で、デジタルカメラの人気がなくなりつつある。
随着智能手机的问世，数码相机慢慢不受追捧了。

❹ 家に帰ると誰もいないのに、エアコンがついている。
我回到家时谁也不在，但空调却开着。

❺ このパソコンはハードウェアが壊れているね。修理しようか。
你这台电脑硬件坏了，要修吗？

165 【正值……之际】

…にあたって/あたり
…に際して
…折(に)

解释

表示正当某种时候，或者适逢之意。

例句

❶ 大家即将走向社会之际，我有些话必须跟你们说。

皆さんがこれから、社会人生活を迎えるにあたって、伝えておかなければならないことがある。

❷ 日语能力考试即将开始，首先请阅读注意事项。

日本語能力試験を始めるにあたり、まずは注意事項を読んでおいてください。

❸ 在大家毕业之际，谨表示衷心的祝愿。

皆さんの卒業に際して、お祝いの言葉を申し上げる。

❹ 在奥运会召开之际，政府志愿协助大会运营。

オリンピックを開催するに際して、政府はボランティアとして運営に協力してくれる人を募集した。

❺ 登门拜访之际，我再归还向您借的书。

お伺いする折に、お借りした本を返す。

❻ 如果出差来重庆之际，务必跟我联系。

出張で重慶に来る折に、ぜひご連絡ください。

注意

「…にあたって」与「…に際して」相似，表示正值某个阶段或者时期。这个表达很正式，所以不用于日常会话；常用于举办开学或毕业典礼等特别的公开场合，「…にあたり」或「…にあたりまして」的形式则语气更为郑重。而「…折(に)」表示“……的时候”，比「時」更为郑重，多用于个人行为。

❶ 新年を迎えるにあたり、理事長から皆様への年始のご挨拶がある。

正值新年到来之际，理事长给大家送来了新年的问候。

❷ 結婚に際して、相手の親に挨拶しに行かずにはすまない。

值此结婚之际，必须去拜见对方的父母。

❸ 寒さ厳しい折から、くれぐれもお体をお大事にしてください。

严寒之际，请务必多保重身体。

❹ このことは今度お目にかかった折に詳しくお話いたする。

这件事等我见到您之时再详细汇报。

166 【……之类】

…とか…とか

…だの…だの

…やら…やら

解释

表示同一类事物，用于列举。除单纯列举外，还往往带有说话人不满的情感。

例句

❶ 每当疲惫的时候，我都想吃点巧克力呀、冰激凌之类的甜食。

疲れているときには、チョコレートとかアイスクリームとか甘いものを食べたくなる。

❷ 像茶呀、咖啡之类含有咖啡因的饮品，睡前最好不要喝。

お茶とかコーヒーとか、カフェインが入った飲み物は、寝る前に飲まないほうがいい。

❸ 我妈老说快结婚啊、想抱孙子之类的话，给我很大压力。

母は早く結婚しろだの、孫(まご)の顔が早く見たいだの、私にプレッシャーを与えてくる。

❹ 她一会儿说肚子疼，一会儿又头疼，经常请假不上学。

彼女はお腹が痛いだの、頭が痛いだのと言って、よく学校を休む。

❺ 学校正门聚集了好多警察还有消防员。发生了什么事吧。

学校の正門に警察(けいさつ)やら、消防士(しょうぼうし)やらがたくさん集まっている。何があったんだろう。

❻ 夏天的夜晚，外面青蛙呀虫子之类的叫得很吵，都睡不好。

夏の夜、外では蛙やら虫やらが鳴いているから、うるさくて、よく眠れない。

注意

「とか」用于列举，可用于口语，也可用于书面语。「だの」常常表示说话人不满或者责难的心情，一般用于口语。「やら」也多用于口语，表示东西很多，难以收纳、整理之意。另外，「やら」除了接在名词后面外，还可以接在形容词或者动词后面。

❶ 私はキャンディーとか、クッキーとか、甘い物が好きだ。

我喜欢糖果、曲奇饼干之类的甜食。

❷ あなたはチョコレートだの、アイスクリームだの、甘い物ばかり食べて

るから太ったんだよ。

你要是净吃巧克力或者冰激凌之类的甜食，会长胖哟。

❸ ポテトチップだの、ハンバーガーだの、ファーストフードばかり食べているから痩せられないのよ。

你净吃薯条啊汉堡之类的快餐，瘦不下来哟。

❹ テーブルの上に、チョコやら、アイスやら、美味しそうな物がたくさんあってどれから食べていいか困っちゃう。

桌子上摆满了巧克力还有冰激凌之类的美食，不知道吃哪个好。

❺ マラソンで3位に入賞（にゅうしょう）した時、うれしいやら、悔しいやら、複雑な気持ちだった。

马拉松比赛获得了第3名，既有欣喜也有不甘，心情复杂。

❻ びっくりするやら、悲しむやら、ニュースを聞いた人たちの反応（はんのう）は様々だった。

听到这则新闻人们的反应各不相同，或是惊讶，或是悲伤。

167 【之所以……是因为……】

…のは…からだ

なぜ…かといえば、…からだ

…のは…せいだ

解释

表示就前项内容的原因及理由进行阐释或者说明。先陈述结果，后陈述原因。

例句

❶ 他之所以期末成绩没考好，是因为没有认真复习的缘故。

彼は期末試験の成績がよくなかったのは、まじめに復習していなかったからだ。

❷ 李爷爷之所以身体这样好，是因为他一直坚持运动。

李おじいさんは体がこんなに丈夫なのは、運動を続けているからだ。

❸ 我们之所以赞成这个提案，是因为它反映了大家迫切的愿望。

なぜこの提案に賛成したかといえば、われわれの切（せつ）なる願いを反映しているからだ。

❹ 他之所以那么努力学习，是因为准备考东京大学医学部。

なぜあんなに勉強しているかといえば、東京大学の医学部に受かるつもりなのだ。

❺ 喉咙之所以痛是开了暖气，房间干燥的缘故。

喉が痛いのは暖房(だんぼう)がついて、部屋が乾燥(かんそう)しているせいだ。

❻ 我之所以睡到现在这个时间，是因为昨晚通宵加班。

こんな時間まで寝ているのは、昨夜仕事で徹夜していたせいだ。

注意

「…のは…からだ」多用于客观事实的理由阐述，也可以用于说明自身行为的原因。语气客观中立，一般不带个人情感或者主观色彩，多用于书面语。「せいだ」往往用于表示不好的结果，表达说话人遗憾或者后悔的心情。

❶ この小説の言葉遣いが生き生きとしているのは、作者が実生活(じっせいかつ)によく触れているからだ。

这部小说之所以语言生动，是因为作者深入生活。

❷ 上海に行ったのは、事故の原因を調べたかったからだ。

我之所以去了上海，是想要调查事故发生的原因。

❸ 夏場の電気代(でんきだい)が高いのは、エアコンが古いせいだ。

夏季电费之所以高，是因为空调旧了。

❹ 目が悪くなったのはパソコンを見すぎたせいだ。

眼睛之所以不好，是因为电脑看多了。

168 【直到……才……】

…て(みて)はじめて

…て、やっと

解释

表示一直到某个时间或者节点，才发生了后项的事件或认知发生改变。

例句

❶ 这事我直到今天才知道。

このことは、今日になってはじめて知った。

② 直到生了病，我才意识到健康的可贵。
病気になってみてはじめて、健康のありがたさがわかった。

③ 直到去了国外，我才发现祖国的重要。
外国に行ってはじめて、祖国の大切さに気がついた。

④ 直到闭馆铃声响起，我才离开了图书馆。
閉館のベルが鳴るのを聞いて、やっと図書館を出た。

⑤ 直到我自己也做了母亲，才终于明白了父母的不容易。
自分は母親になって、やっと親の苦労が分かってきた。

注意

该句型表示在发生了前项事件之后，才产生了以前没有的认知或者意识到的问题，才有了新的认知和了解，蕴含正因为具备前项的条件，才能实现后项的语义。后项多为表示认知、发现、理解类的动词。

① 子供が出来てはじめて、親の気持ちが理解できるようになる。
直到有了孩子，我才理解了父母的心情。（养儿方知父母恩。）

② 彼からの手紙を受け取ってはじめて、彼がもう結婚していることを知った。
直到收到他的来信，我才知道他结婚了。

③ 大学院生になってはじめて、研究の大変さが分かった。
直到读了研究生，才明白了做研究的艰难。

169 【只得……】

…しかない
…よりほかない
…より仕方がない

解释

表示不得不做某事，没有别的选择。

例句

① 因为谁也不帮忙，只得自己干了。
誰も手伝ってくれないので、自分でやるしかない。

② 因为最近食品不太安全，只得在家自己做了。

最近の食べ物は安全だとは言えないので、自宅（じたく）で作るしかない。

❸ 为了在这个社会生存下去，只能每天重复同样的循环。

この社会で生きていくためには、毎日同じサイクルを繰（く）り返（かえ）すよりほかない。

❹ 明天期末考试。平常我也不太去上课，今天只好通宵了。

明日は期末試験だ。普段も授業にあまり出ないから、今日は徹夜するよりほかない。

❺ 由于地震，地铁停运，只得走回去。

地震で電車が止まってしまったので、歩いて帰るより仕方がない。

❻ 由于护照有效期到了，只得回国了。

旅券の有効期限が切れてしまったので、帰国するより仕方がない。

注意

「しかない」表示前项动作或行为是解决问题的唯一方法，含有说话人遗憾、不满的情感。「よりほかない」和「より仕方がない」则表示尽管前项所说内容不理想，但是除此之外别无选择。

❶ 終電（しゅうでん）を逃してしまったし、もうタクシーで帰るしかない。

因为错过了末班电车，只好打车回去了。

❷ 大型（おおがた）の台風が接近（せっきん）しているため、イベントを中止するしかなかった。

因为大规模台风即将登陆，活动只好中止。

❸ 死にたくても死ねないのなら、生きるよりほかないだろう。

如果想死也死不了，那只能活下去了。

❹ 薬は嫌いだが、飲まなければ死ぬというなら飲むより仕方がない。

虽然讨厌吃药，但是不吃会死的话就只能吃了。

170 【只是……而已】

ただ…だけだ

(ただ/単に)…にすぎない

解释

表示强调程度不深或数量不多，意为仅仅如此，不会超出某个范围或程度。

例句

❶ 我只是听说，并没有看见。

私はただ聞いただけで、見てはいない。

❷ 无法提供不在场证明的，只有铃木了。

アリバイがないのは、ただ鈴木さんだけだ。

❸ 不是什么值钱的东西，只是一点心意，请您一定收下。

たいしたものではない。ただの気持ちだけなので、どうぞお受け取りください。

❹ 这只是一个玩笑而已，不要当真。

これはただの冗談にすぎない。本気にするな。

❺ 宇宙有无数颗行星，地球只不过是其中一颗而已。

宇宙には数え切れないほどの惑星があるから、地球はただその一つにすぎない。

注意

该句型含有一种轻视的语感，表示说话人认为仅此而已，不太重要，没什么了不起。「だけだ」「にすぎない」可以单独使用。除了副词「ただ」「単に」以外，还可以与「ほんの」搭配使用，语感上有一种强调之意。

❶ 事故にあっても、たいした怪我はない。手首(てくび)を挫(くじ)いただけで、心配しないで。

虽然遇到交通事故，但是没什么大碍。只是手腕扭伤了，不用担心。

❷ これはほんの思いつきの考えにすぎないが、ご参考までに。

这只是我个人的想法而已，仅供参考。

❸ 私たちが見えるのはこの広い世界のほんの一部にすぎない。

我们看到的，只是广阔世界的很小一部分而已。

171 【只要……就……】

…さえ…ば

…限り

…たが(たら)最後

解释

表示必要的条件，意为只要具备前项条件，就会出现后项结果。

例句

❶ 你只要下功夫，就一定能掌握这门技术。

努力さえすれば、君はきっとこの技術をマスターできる。

❷ 只要在网上下单，快递就可以把东西送过来，非常便捷。

ネットで注文さえすれば、宅配便は品物を届けてくれて、本当に助かる。

❸ 只要我活着，就会一直守护着她。

私が生きている限り、ずっと彼女のことを守り続けていきたい。

❹ 只要每天好好练习，听力考试一定会及格的。

毎日しっかり練習をしている限り、聴解試験はきっと合格できるよ。

❺ 他知道只要迈出国境一步，就再也回不了故乡了。

国境（こっきょう）を一歩出たが最後、二度と故郷には戻れないことを彼は知っていた。

❻ 他只要一睡下去，旁边再怎么喧闹都绝对不会被吵醒。

彼は寝たら最後、周りでどんなに騒いでも絶対に目を覚まさない。

注意

以上句型用于对条件的强调，蕴含的意思是：只要该条件成立，就会进行后项行为或出现后项结果，其他情况都可以忽略不计，或者不在考虑范围内。「さえ…ば」表示唯一条件，强调前项条件一旦成立，则不予考虑其他情况。「限り」则强调只要前项状况条件不改变，后项就不会出现变化。另外，「限り」前项可以接否定，「ないかぎり」意为“只要不……就”“除非……否则”，表示只要前项条件不出现，那么后项事态也不会发生。「たが(たら)最後」表示一旦发生某事，就会出现后面的结果，且很难改变，多含有消极或负面的语感。常与「一度」搭配使用，表示“只要(一旦)……就”会出现某种结果。

❶ 君さえそばにいてくれればそれでいい。

只要你在我身边，就够了。

❷ メールアドレスとパスワードさえあれば、誰でも登録（とうろく）できる。

只要有邮箱地址和密码，谁都可以登录。

❸ 会社の上層部（じょうそうぶ）が無能（むのう）な限り、この会社は何も変わらない。

只要公司高层无能，这个公司就不会有什么变化。

❹ 現場に行かない限り、本当のことは分かるはずがないだろう。

除非去到现场，否则根本就无法了解真相。

❺ 初心を忘れない限り、いつかきっと夢が叶うだろう。

只要不忘初心，梦想总有一天会实现。

❻ あの子はゲームを始めたが最後、何を言ってもやめようとしない。

那个孩子只要开始打游戏，无论说什么都不会停下了。

❼ ギャンブルは一度手を出したら最後、ずるずると抜けられなくなる人が多い。

很多人只要沾上赌博就完了，最后会深陷其中不可自拔。

172 【只有……】

…だけ

…ばかり

…しか…ない

…に限り

解释

表示限定或者必须的条件。

例句

❶ 我妈不太会做饭，只有咖喱做得好吃。

母は料理があまり上手ではないけど、カレーだけは上手だよ。

❷ 班里只有她一个人考上了北大。

クラスで北京大学に合格したのは彼女一人だけだった。

❸ 如果班上全是像小刘你这样勤奋的学生，老师就轻松啦。

劉君、君のような勤勉（きんべん）な学生ばかりなら、先生は楽だよ。

❹ 这里净是好东西，让人眼花缭乱。

ここは良いものばかりで目移（めうつ）りする。

❺ 离出发时间只有5分钟了，但田中还没有出现。

出発の時間まであと5分しかないのに、田中さんはまだ姿を現していない。

❻ 企鹅是只有在南极才有的动物。

ペンギンは南極にしかいない動物である。

❼ 只有成绩优异者，方能免除学费。

成績優秀者に限り、学費が免除される。

❽ 只有凭票才能入场。

チケットをご持参の方に限り、ご入場いただきく。

注意

「しか…ない」强调或限定一个而否定其他，语气比「だけ」和「ばかり」更强。「ばかり」则主要表示同类事物很多或者动作频率高，如果接续数量词则表示大约的数量。

❶ 新型コロナウイルス感染症の影響で家の周りに営業しているお店が1軒しかなかった。

受新冠肺炎的影响，家附近仅有一家店在营业。

❷ ここから200mばかり行ったところを右に曲がってください。

从这儿走200米左右的地方向右拐。

❸ クーポンをご持参のお客様に限り、10％割引きさせていただく。

仅限持有优惠券的顾客，方可享受9折优惠。

173 【最好……】

…一番いい/一番だ

…に限る

…に越したことはない

解释

表示所陈述的内容或者程度为最高级或者最优解，常表示说话者的见解或者判断，意为最佳方案或者符合程度最高。

例句

❶ 治疗慢性肠炎，那家医院最好。

慢性腸炎を治すにはあの病院が一番いい。

❷ 若论风景还是桂林最好。

風景なら桂林が一番だ。

❸ 疲劳的时候最好睡一觉。

疲れたときは寝るに限る。

④ 旅行最好还是坐火车，可以悠闲地欣赏窗外的风景。

旅行は汽車に限る。窓の外の風景をゆっくり見ることができるから。

⑤ 虽然不期望高工资，但是最好工资高。

高い給料を望むわけではないが、高いに越したことはない。

⑥ 我的人生目标不是挣钱，而是跟喜欢的人一起幸福地生活，但当然最好还是要有钱。

僕の人生の目的は、お金を儲(もう)けることではなく、好きな人と幸せに生きることだ。もちろん、お金はあるに越したことはないけどね。

注意

「一番だ」用于事物的比较中，某项最为突出或者程度最高；而「…に限る」和「…に越したことはない」则是表示一种选择，选出自己认为最佳或者最优的选项，用于陈述自己的看法。「…に限る」一般用于主观判断或者印象，不用于客观意见的陈述，经常跟副词「やっぱり」搭配使用。「…に越したことはない」一般用于从社会通行的观念或者常识加以考虑或者判断，理所应当如此为最佳方案。

① 暑い夏、仕事の終わりはやっぱりビールに限る。

炎热的夏天工作结束以后，果然还是喝啤酒最舒服。

② 寒い日は、やっぱり火鍋(ひなべ)に限る。おいしいし、体が暖まる。

冬天还是要吃火锅。又好吃，吃了身上也暖和。

③ 健康のためには運動するに越したことはないが、習慣化するのが難しい。

为了身体健康运动是最好不过的，但是养成运动的习惯很难。

④ この地域は安全だとは聞いているが、用心するに越したことはない。貴重品(きちょうひん)はしっかり身につけておこう。

听说这一带很安全，但最好还是小心点。贵重物品随身携带吧。